LA VERSION ARMÉNIENNE
DES ŒUVRES
D'APHRAATE LE SYRIEN

CORPUS
SCRIPTORUM CHRISTIANORUM ORIENTALIUM
EDITUM CONSILIO
UNIVERSITATIS CATHOLICAE AMERICAE
ET UNIVERSITATIS CATHOLICAE LOVANIENSIS

Vol. 383

SCRIPTORES ARMENIACI
TOMUS 8

LA VERSION ARMÉNIENNE DES ŒUVRES D'APHRAATE LE SYRIEN

Tome I

TRADUITE

PAR

GUY LAFONTAINE

LOUVAIN
SECRÉTARIAT DU CORPUSSCO
WAVERSEBAAN, 49
1977

ISBN 2-8017-0060-6

Imprimerie Orientaliste, s.p.r.l., Louvain (Belgique)

D/1977/0602/11

INTRODUCTION

La version arménienne de l'Aphraate syriaque, exécutée vraisemblablement dès la deuxième moitié du Ve siècle, est conservée dans de très nombreux manuscrits, dont douze nous ont été accessibles. Ils sont décrits en détail dans l'introduction du volume de texte. Si la version qu'ils transmettent est ancienne, eux-mêmes sont tardifs et s'échelonnent entre le XVe-XVIe siècle et le XVIIIe siècle; leur orthographe est généralement très défectueuse.

Nous avons pu repérer quatre groupes, dont trois ont des liens de parenté incontestables : soit les groupes EF, UV, WY et le groupe NSTX. Vu le fossé qui sépare l'époque de la traduction de celle de la copie des manuscrits, il y a dû avoir beaucoup d'intermédiaires perdus entre l'archétype et les groupes mentionnés.

Le manuscrit de base est F, qui présente le pourcentage le plus élevé d'accords avec l'original syriaque et le plus grand nombre de tournures syriacisantes. Cependant, pour les additions 1-3 non attestées par le ms. F, nous avons suivi comme manuscrit de base le codex V et avons mis ces textes entre petits crochets carrés. Dans le cas de variantes signalées dans l'appareil critique par les notes *lege* ou *lege*?, ce sont ces leçons que nous avons reproduites dans la traduction; elles sont placées entre petits crochets carrés et leurs différents témoins sont signalés en note.

Le texte que nous présentons est beaucoup plus complet, beaucoup plus proche du syriaque et beaucoup plus correct que celui qui nous était connu jusqu'ici par l'édition Antonelli; cependant le texte arménien est quelquefois assez obscur, ce qui s'explique par le fait que le traducteur n'a pas toujours bien compris le modèle qu'il avait devant lui; dans des cas pareils, nous n'avons pas interprété le texte arménien d'après le modèle syriaque, sauf sur quelques points de détail, là où l'arménien présentait des mots inconnus de tous les dictionnaires; notre traduction latine est strictement littérale (sauf cas de force majeure); les mots que nous avons ajoutés pour une meilleure compréhension du texte sont mis entre parenthèses; le trait d'union unit dans la traduction latine des élements exprimés par un seul mot dans le texte arménien.

La division en paragraphes est reprise à l'édition syriaque de Dom Parisot; en marge de la traduction, sont indiquées les pages correspondantes du volume de texte; les appels de notes, insérés dans la traduction, portent, ou bien sur le mot pourvu de cet appel de note, ou bien sur une phrase ou davantage (dans le cas d'une citation ou réminiscence biblique); si, à l'intérieur d'une citation, on trouve une leçon signalée dans l'appareil critique par les notes *lege*, *lege*?, cette variante, mise entre crochets, est suivie d'un astérisque (*, **). Le sigle *s* accolé aux sigles de certains manuscrits, représente l'original syriaque.

*Sancti Iacobi Nisibeni episcopi responsum quaestionibus Aristakes episcopi, filii Sancti Gregorii nostri Illuminatoris, egregii et fortis principis-pastorum. Fecit librum sapientiae. * p. 1

At tibi, carissime mi, interrogationem et quaestiones feci ferre, propter egestatem meam, quae est mihi, a te ad-sciscitandas petitiones meas, tu a me noli prohiberi; propter multas causas incitaverunt me cogitationes meae, ut edocerem te et aperires tu mihi cogitationes intellectus sapientiae tuae, ad-cognoscendum tibi omne quodcumque ego a Scripturis sanctis intellexi, ut defectus meus per-te impleretur et fames mea saturaretur a doctrina tua, ut serenitas sitis meae refrigesceretur a fonte rivorum tuorum. Etsi multae cogitationes stent in me (de eo) quodcumque interrogem ego te, omne tamen cum-multa custodia apud me invenitur, (ut), cum ego venero, cum-persuasione suadeas tu mihi de omnibus verbis. At ante omne aliquid quod valde necessarium est mihi, scribe et edoce me de fide nostra, quomodo sit, et quid sit fundamentum eius, et [quali aedificio aedificetur][1] illa et per-quales res firmetur illa et qualia opera necessaria sint illi. At ego ita credidi quod unicus est Deus, qui fecit caelum et terram in initio et ornavit mundum ornatibus; *et ille fecit hominem secundum similitudinem imaginis formae suae*[2]. Et ille accepit sacrificium Abel. Et ille permutavit Henoch a morte ad vitam, quia placuit ei. Et ille servavit Noe propter fidelitatem eius. Et elegit Abraham propter fidem eius. * Et ille locutus est cum Moyse propter mensuetudinem et humilitatem * p. 2
eius. Et cum omnibus prophetis ille locutus est. Et ille misit Iesum in mundum; in hoc omni, frater, ego ita credens, precor te ut scribas et edoceas me, quale [opus][3] necessarium sit huic fidei nostrae et reficias me.

[I]

RESPONSUM EPISTULAE

1. Epistulam litterarum tuarum accepi ego et, ut legi eam, valde laetus fui, quod duxisti cogitationes tuas circa tale examen. Et petitiones haec, quas tu a me petiisti, gratis datae sunt mihi et qui accipiunt, gratis accipiunt; et qui habebit hoc et volet prohibere ab eo (eos) qui quaerunt ab eo et aliud aliquod quod ille ab aliis prohibet et retrahit, auferetur ab eo. *Nam ille qui cum-gratia accipit, debet cum-gratia donare*

[1] [...] lectio sensu postulata et testimonio syriaci confirmata. [2] *Gn.* 1, *26*.
[3] [...] NSTWXY*s*.

socio suo[1]. Itaque quodcumque et tu me[2] interrogasti, ut intellexit mens mea indigentiae meae et scripsi ego tibi, et id quod a me non quaesivisti, orationibus quaeram a Deo et te edocebo. Audi me, carissime et aperi tu mihi oculos cordis tui et cogitationes spiritales intellectus tui (ad) omne aliquid quod dico tibi.

2. Fides multis rebus connectitur et accomodatur et in coloribus multis coronata perficitur. Aedificio similis est, quod multa spe aedifica-
* p. 3 tur et perficitur. * Et hoc scito quod in fundamentis aedificii lapides permagnos ponunt et deinde extollitur e lapidibus accomodatum desuper totum aedificium usque ad consummationem coronae suae. Eodem-modo totius fidei nostrae *fundamentum firmum et verum est ipse Dominus nostrer Iesus Christus*[1]; *et super hanc petram firmata est fides et super fidem aedificium usque ad consummationem eius*[2]. At fundamentum ille ipse est ab initio aedificii totius. Quando aliquis appropinquat ad fidem, positus est ille super firmam petram, *quae est ipse Dominus noster Iesus Christus*[3]. *Et aedificia eius a fluctibus non moventur et a violentia vehementiae venti non labe-afficiuntur et a multitudine aquarum non subvertuntur, quia supra firmam petrosam petram firmata sunt aedificia eius*[4]. Et quod voco Christum petram, non a mente quicquam dixi, sed prophetae prius vocaverunt eum petram.

3. Audi tu de fide quae posita est super firmam petram. Primo prius credit homo, et ut credit amat, et ut amat sperat, et ut sperat iustificatur, et ut iustificatur perficitur, et ut perficitur coronatur; et ut aedificatur et extollitur ille, totum aedificium coronatur et perficitur; et deinde fit ille domus et aedes et habitaculum Christi, sicut et dixit Ieremias propheta: «*Templum Dei, templum Domini, templum estis vos Domini, si placita feceritis ei vias vestras et opera*»[1]. Et rursus ait propheta: «*Habitabo in eis et ibo ad eos*»[2]. Et apostolus beatus sic dixit: «*At templum estis vos Dei et spiritus Dei habitat in vobis*»[3]. Et Dominus noster dixit ad discipulos quod[4]: «*Vos in me et ego in vobis sum*»[5].

* p. 4 **4.** * Et [quando fit domus et aedes et habitatio][1], tunc incipit curare homo omnes res quae necessariae erunt ei qui habitat in habitatione eius. Quemadmodum si rex aliqui aut homo aliqui gloriosus et honora-

1. [1] cfr *Mt.* 10,*8*. [2] *litt.* mihi.
2. [1] cfr *1 Co.* 3,*11*. [2] cfr *Mt.* 16,*18*. [3] cfr *1 Co.* 10,*4*. [4] cfr *Mt.* 7,*27*.
3. [1] *Jr.* 7,*4-5* [2] *Ez.* 37,*27*; *Lv.* 26,*12*; *2 Co.* 6,*16*.
[3] *1 Co.* 3,*16*; 6,*19*; *2 Co.* 6,*16*. [4] *litt.* ait. [5] *Jn.* 14,*20*.
4. [1] [...] UV*s*.

bilis, habitat in aedibus quibus vocatum est[2] nomen regium, profecto necessaria erunt regi omnes res et opera regni et totum ministerium cultus, quodcumque opus erit in honorem gloriae regni; aedes, quae vacuae sunt et inanes ab omnibus bonis, rex in eis non habitat nec habitabit illic; sed necessarius est regi omnis ornatus aedium ne imperfectum quicquam in eis inveniatur; postea si imperfectum aliquid invenitur in aedibus in quibus rex habitat, ob hoc ad mortem traditur custos aedium, quia non paravit ille ministerium cultus regis; eodemmodo et homo qui fit domus et aedes et habitatio Christi, videat ille, quid necessarium sit in ministerium cultus Christi qui habitat in eo, [vel qualibus rebus placeat ei][3]. Prius primo aedificet aedificium suum super firmam petram, scilicet in Christo Iesu, et super hanc petram posita est fides et super fidem extollitur, elevatur aedificium. Et necessarium est in habitatione aedium ieiunium puritatis et fide firmatur. Necessaria est ei et oratio et fide fit acceptabilis. Necessaria est ei et caritas et fide commodatur. Et perfecta est ea donis misericordiae et * fide distribuitur. Et quaerit ille mansuetudinem humilitatis * p. 5 et fide plantatur. Electa est ei virginitas et fide amatur illa. Et accessit apud eum sanctitas et fide ornatur illa. Et sollicitus est ille de sapientia et fide invenitur. Et quaerit rursus hospitalitatem et fide augetur. Necessaria est ei simplicitas et fide miscetur. Quaerit patientiam et fide perficitur. Et reficitur in tranquillitate et fide manifestatur. Et amat aequalitatem et fide apparet. Et quaerit honestatem et fide custoditur. Has omnes res quaerit fides quae posita est super petrosam petram firmam, quae[4] illa ipsa est Iesus Christus. Et tales res necessariae sunt regi Christo qui habitat in hominibus qui aedificati sunt his operibus.

5. Et dices in corde tuo : si Christus in fundamento positus est, quomodo ergo fieri-poterit [Christum][1] habitare in aedificio perfecto. Duo haec apostolus beatus manifestavit; ait sic : « *Ego sicut sapiens architectus fundamentum posui* »[2]. Et ibidem interpretatus est de fundamento et ait : « *Fundamentum aliud praeter id quod positum est, nemo potest ponere, quod ille ipse est Christus Iesus* »[3]. Et quod Christus rursus habitat in * aedificio, (est) verbum illud quod desuper scriptum * p. 6 est, quod Ieremias propheta vocavit *homines templa in quibus Deus habitat*[4]. Et apostolus hoc-modo ait : « *Spiritus Dei habitat in vobis* »[5]. Et Dominus noster ait ita : « *Ego et pater meus unum sumus* »[6].

[2] *litt.* vocatum est super eum. [3] [...] UV*s*. [4] *litt.* quod.

5. [1] [Christum] UV*s* [2] *1 Co.* 3,*10*. [3] *1 Co.* 3,*11*. [4] *litt.* et Deus qui habitat in eis (cfr *s*), *Jr.* 7,*3*,*4*. [5] *1 Co.* 3,*16*. [6] *Jn.* 10,*30*.

Firmum ergo et perfectum est verbum, quod Christus habitat in hominibus qui credunt, et ille ipse est fundamentum, super quod aedificantur et elevantur aedificia.

6. Rursus veniam ad verbum meum primum quod dixi quod[1] Christus lapis vocatus est a-prophetis. Primo David dixit de eo quod[2] : «*Lapis quem contempserunt aedificatores, ille factus est caput anguli*[3]». Et quomodo contempserunt aedificatores lapidem hunc, qui (*litt.* quia) ipse est Christus Iesus? nisi quod coram Pilato, quod dicebant : «*Ne sit iste noster rex*»[4]. Et rursus in parabola *hominis nobilis qui abierat ad-accipiendum regnum et regnandum super eos; et illi nuntios post miserunt et aiunt*: «*Ne sit iste super nos rex*»[5]. In-hoc etiam contempserunt illi lapidem. Quomodo autem est ille caput anguli aedificii? Sed factus est ille caput anguli aedificii gentium et [super eum exaltatur totum aedificium eorum. Qui autem sunt aedificatores? Nisi][6] sacerdotes * p. 7 et prophetae qui non aedificaverunt aedificium, * sed destruentes destruebant quodcumque ille aedificabat, sicut et scriptum est in Ezechiele Propheta quod : «*Ille aedificabat parietem et illi illiniebant eum, ut corrueret*[7]». Et rursus scriptum est : «*Quaesivi ego in eis hominem ruinam-reficientem, qui staret super ruinam totius terrae, ne everterem eam, et non inveni*[8]». Et rursus Isaias prius prophetizavit de hoc lapide et ait : «*Sic ait Dominus : Ecce pono in fundamento Sion lapidem multiformem, lapidem anguli honorabilem in caput aedificii fundamenti*[9]». Et ait : «*Omnis qui credit in eum, non timebit*[10]». «*Et qui cadet super lapidem, confringetur; et super quem cadet ille, confringet eum*[11]». Cecidit super eum populus domus Israel et facta est subersio eius in saecula temporum. *Et cecidit super imaginem*[12] et fregit eam. Et crediderunt in eum gentes et non iam timebunt.

7. Et ostendit rursus de lapide, quod ille positus est lapis fundamenti et caput anguli. Et si in fundamento positus est lapis, quomodo est ille caput anguli? Sed Dominus noster, ut venit, posuit fidem suam in terra in similitudinem fundamenti et ascendit super omnes caelos[1] in similitudinem capitis anguli aedificii; et perfectum coronatum est lapidibus totum aedificium deorsum et intus. Et de fide, quam dixi quod posuit fidem suam in terra, hoc David prius praedicavit de Christo; ait

6. [1] *litt.* dico [2] *litt.* ait. [3] *Ps.* 117, *22.* [4] *Jn.* 19, *15.* [5] *Lc* 19, *13,14.* [6] [...] UV*s.* [7] *Ez.* 13, *10.* [8] *Ez.* 22, *30.* [9] *Is.* 28, *16 a.* [10] *Is.* 28, *16 b.* [11] *Mt.* 21, *44.* [12] *cfr Dn.* 2, *34.*

7. [1] *Ep.* 4, *10.*

ita : « *Fides de terra germinavit*[2] ». Et quod desuper rursus (est), ait : « *Iustitia de caelis apparuit*[3] ».

8. * Et rursus Daniel dixit de hoc lapide, quod hic ipse est Christus. * p. 8
Ait : « *Videbam quod lapis abscindebatur a monte sine manu hominis et percutiebat imaginem et statim evertebat et implebatur ab eo tota terra* »[1]. Hoc prius praeveniens ostendit de Christo, quod ab eo implebatur tota terra ; e fide enim Christi impleti sunt omnes fines terrae, sicut et David ait : « *Per totam terram exivit clamor evangelizationis Christi* »[2]. Et ad apostolos, ut misit eos, sic aid ad eos : « *Exite per omnes gentes et credant* »[3]. Et Zacharias rursus prophetizavit de lapide, quod is ipse est Christus ; ait sic : « *Vidi ego lapidem aequalitatis* »[4]. Ab initio enim cum-aequalitate Patris sui erat. Et de amore, quem ait ; in adventu enim suo in mundum hunc, sic dixit : « *Hoc est praeceptum meum ut invicem diligatis* »[5]. Et rursus ait : « *Amicos et carissimos quidem vocavi vos* »[6]. Et apostolus beatus sic dixit : « *Misertus est nostri Deus in amore Filii sui* »[7]. Certe *vere dilexit nos Christus et tradidit se ipsum pro nobis*[8].

9. Et interpretatus est de lapide hoc et dixit : « *Ecce aperio ego super hunc lapidem septem oculos*[1] ». [Quid autem sunt septem oculi][2] qui aperti sunt super lapidem ? Nisi Spiritus Dei qui venit et requievit
super Christum cum-septem * rebus, sicut et dixit Isaias propheta : * p. 9
« *Veniet et requiescet super eum Spiritus Dei, spientiae et scientiae, consilii et virtutis, principatus et Dei-cultus* [*et timoris domini*]* »[3]. Hi sunt septem oculi qui aperti sunt super lapidem ; et *hi sunt oculi Domini, qui aspiciunt per terram*[4].

10. Et hoc de eodem Christo dictum est quod datus est ille ad lucem omnium gentium, sicut dixit Isaias propheta : « *Feci te in lucem gentium ut fieres salus mea usque ad fines terrae* »[1]. Et David dixit ita : « *Lucerna est verbum tuum pedibus meis et lumen dat semitis tuis* »[2]. Et verbum et sermo Domini Christus est, sicut et scriptum est in initio Evangelii Domini nostri : « *A principio erat verbum* »[3]. Et de luce ibidem quidem ipse testatus est quod : « *Lux in tenebris illuminabat et tenebrae eam non comprehenderunt*[4] ». Quid est [lux, quod in tenebris illuminat et tenebrae eam non comprehenderunt ?][5] Nisi Christus qui illuminavit

[2] *Ps.* 84, *12.* [3] *id.*

8. [1] *Dn.* 2, *34,35.* [2] *Ps.* 18, *5.* [3] *Mt.* 28, *19.* [4] *Za.* 4, *7.* [5] *Jn.* 15, *12.* [6] *Jn.* 15, *15.* [7] cfr *Ep.* 2, *4,5.* [8] *Ep.* 5, *2.*

9. [1] *Za.* 3, *9.* [2] [...] NUVWY*s.* [3] *Is.* 11, *1,2,* *[...] NSTWXY*s.* [4] *Za.* 4, *10.*

10. [1] *Is.* 49, *6.* [2] *Ps.* 118, *105.* [3] *Jn.* 1, *1.* [4] *Jn.* 1, *5.* [5] [...] UV*s*

lucem suam in medio populi domus Israel; et populus Israel non comprehendit lucem Christi, quod non crediderunt in eum, sicut et scriptum est: «*Ad suos venit et sui eum non acceperunt*»[6]. Et ipse Dominus noster vocavit eos tenebras; et ait ad discipulos suos ita: «*Quodcumque dicam ego ad vos in tenebris, dicite hoc in lumine*[7]; *ex gentibus* * p. 10 *illuminet lux vestra*»[8]. Illae enim receperunt evangelium Christi, * qui datus est ille in lucem gentium. Et ait ad apostolos suos: «*Vos estis lux mundi*»[9]. Rursus ait ad eos: «*Luceat lux vestra coram hominibus ut videant opera vestra bona et glorificent Patrem vestrum qui in caelis* (est)»[10]. Et rursus ostendit id de se ipso, quod ille ipse est lux vera; ait ad discipulos ita: «*Ambulate vos dum lux vobiscum est, antequam advenerint vobis tenebrae*»[11]. Et rursus ait ad eos: «*Credite in lucem ut filii lucis vocemini*»[12]. Et rursus ait: «*Ego sum lux mundi*»[13]. Et rursus ait: «*Nemo accendit lucernam et ponit sub modio, vel sub lecto vel ponit in occulto, sed ponit eam* [*supra*] * *candelabrum, ut* [*quisque*] ** *videat lucem lucernae*»[14]. Et lucerna accensa, ille ipse est Christus, sicut et David ait: «*Lucerna est verbum tuum pedibus meis et lucem dat semitis tuis*»[15].

11. Et rursus Oseas propheta ita ait: «*Accendite vobis lucernam et quaerite Dominum*[1]». Et Dominus noster ait ita: «*Quae mulier est, si fuerint ei decem drachmae et perdiderit unam ex eis, non accendit lucernam et everrit domum et quaeret illa drachmam perditam*[2]». Quae autem est mulier illa? nisi populus Israelitarum ⌜quibus data sunt[3] decem praecepta, testamentum et perdidit ille primum illud quod * p. 11 monuit ei et ait: «*Ego sum Dominus Deus vester qui eduxi vos * a terra Aegyptiorum*[4]». Et ut hoc praeceptum primum perdiderunt illi, et non [novem][5] quae post primum erant, poterant custodire, quod a primo illo pendebant alia novem praecepta. Et non erat quicquam possibile adorare idola Baal et custodire illa novem praecepta; perdiderunt enim primum praeceptum in similitudinem mulieris quae perdidit drachmam e decem. Et vocat eos propheta ecce et ait: «*Accendite vobis lucernam et quaerite Dominum*[6]». Et Isaias propheta sic dixit: «*Quaerite Dominum et, ut invenitis vos eum, invocate vos eum et, ut appropinquaverit ad vos, relinquat impius vias suas et vir iniquus cogita-*

[6] *Jn.* 1, *11.* [7] *Mt.* 10, *27.* [8] *Mt.* 5, *16.* [9] *Mt.* 5, *14.* [10] *Mt.* 5, *16.* [11] *Jn.* 12, *35.* [12] *Jn.* 12, *36.* [13] *Jn.* 8, *12.* [14] *Mt.* 5, *5*; *Mc.* 4, *21*; *Lc.* 8, *16*; *[...] *alii s*; **[...] *litt.* omnis aliquis (= syr.). [16] *Ps.* 118, *105*.

11. [1] *Os.* 10, *12.* [2] *Lc.* 15, *8.* [3] *litt.* quod ... eis. [4] *Ex.* 20, *2.* [5] [...] UV*s*. [6] *Os.* 10, *12.*

tionem suam[7] ». Lucerna accensa est et illi non quaesiverunt cum-ea Dominum suum; *et lux eius in tenebris luxit et tenebrae eam non vicerunt*[8] ; et super candelabrum posita est lucerna et qui intus in domo erant, non viderunt lucem eius. Et quid est hoc, quia super candelabrum posita est lucerna? Ascensio eius ad crucem. Et tota domus obtenebrata est super eos. Ut eduxerunt eum ad crucem, obtenebrata est lux ab eis et luxit in medio gentium. Nam a sexta hora ut eduxerunt eum ad crucem, usque ad nonam horam tenebrae factae sunt per totam terram Israelitarum et ingressus est sol in meridiei tempore et obtenebrata est terra in die lucis, sicut et scriptum est a Zacharia propheta : «*Fiet in die illo, ait Dominus, exstinguam solem in meridiei tempore et* [*obscurabo terram*]* *in die plenae lucis*[9] ».

12. * Revertar ergo, veniam ego ad sermonem meum primum fidei, super quam (*litt.* quia super eam) aedificata extolluntur omnia opera bonitatis aedificii. Quod dixi ego, non aliter quicquam dixi, sed apostolus scripsit, in epistula ad-Corinthios prima et ait : « *Ego sicut sapiens architectus fundamentum posui ; et* [*unusquisque*] * *aedificat super fundamentum hoc*[1] ». Est qui aedificat aurum et argentum et lapides pretiosos; et est qui aedificat lignum, herbam, arundinem. Et in die extremo igne examinantur aedificia; aurum et argentum et lapides pretiosi custodiuntur in medio ignis. Et lignum, herba et arundo accenduntur, ardent et comburit ea ignis. Quae autem sunt aurum et argentum et lapides pretiosi quibus aedificantur[2] aedificia? Nisi opera bona fidei quae servantur in medio ignis, quod in aedificiis firmis habitat Christus et ille servat ea in medio ignis. Videamus et intelligamus ab exemplo quod dedit nobis Deus in hoc saeculo, ut [firmarentur][3] et certecognoscerentur apud nos promissiones illius saeculi. Et intelligamus *e tribus hominibus iustis qui ceciderunt in medio ignis et non combusti sunt Anania, Azaria et Misael*[4], quia non combussit eos ignis, quod aedificaverunt illi aedificia firma, vera et contempserunt illi praeceptum mandati Nabuchodonosor regis et non adoraverunt imaginem auri, quam fecit ille. Et qui transgressi sunt mandatum praecepti Domini Dei, statim * accensus est, arsit in eos ignis et illico evertit eos et combusti sunt sine misericordia. *Et combusti sunt Sodomitae in similitudine ligni, herbae et arundinis*[5]. *Et rursus combusti sunt Nadab et Abiud, quia*

* p. 12

* p. 13

[7] *Is.* 55, *6,7.* [8] *Jn.* 1, *5.* [9] *Am.* 8, *9*; cfr *Za.* 14, *6,7*, * [...] UV*s*.

12. [1] *1 Co.* 3, *10*, *12* et *ss.* *[...] *litt.* omnis aliquis. [2] *litt.* quod eis aedificantur. [3] [...] UV*s*. [4] cfr *Dn.* 3, *22.* [5] cfr *Gn.* 19, *24,25.*

transgressi sunt illi praeceptum[6]. *Et rursus combusti sunt ducenti et quinquaginta homines qui offerebant incensa*[7]. *Et rursus combusti sunt duo principes et centum homines cum eis*[8], quod appropinquaverunt ad montem ubi Elias habitans sedebat, qui elevatus est (*litt.* quia ... ille) igneo curru per caelos. Et combusti sunt rursus homines maledici, quia foderunt illi foveam hominibus iustis. Propter illud igne examinantur iusti in similitudinem auri et argenti et lapidum pretiosorum; et iniqui comburuntur in igne, similes ligno, herbae et arundini, quod ignis pabulum fiunt, sicut et dixit Isaias : « *Igne iudicat Dominus et examinat eo omnem carnem*[9] ». Et rursus ait : « *Egredientur et videbunt cadavera hominum iniquorum transgressorum, quod vermis eorum non moritur et ignis eorum non exstinguitur et fient illi regula exempli omni carni*[10] ».

13. Interpretatus est nobis apostolus de illo aedificio et de fundamento hoc et ait : « *Fundamentum aliud praeter illud, quod positum quidem est, non potest quisquam ponere, quod illud ipsum est Iesus Christus*[1] ». Et rursus ait apostolus de fide, quod [cum spe et][2] cum caritate mixta est. Ait : « *Haec tria sunt, quae stant et manent : fides et spes et caritas*[3] »; et narravit nobis de fide, quod prius illa ponitur in fundamento.

* p. 14 **14.** * Et Abel[1] propter fidem eius acceptibile factum est sacrificium eius. Et Henoch, quod placuit fide sua, mutatus est ille a morte ad vitam. Et Noe eadem fide ereptus est ab aquarum diluvio. Et Abraham propter fidem suam [benedictus est][2] et reputata est ei fides eius ad iustitiam. Et Isaac (*Sahak*) eadem fide factus est carus. Et Iacob fide sua servatus est. Et Ioseph propter fidem suam tentatus est ex aquis contentionis et ereptus est a tentatione et posuit testimonium cum eo, sicut et David dixit : « *Testimonium posui cum Ioseph*[3] ». Et Moyses fide sua fecit mirabiles virtutes et fide sua percussit, evertit Aegyptios decem plagarum virga; et fide scidit, divisit mare et traiecit populum suum et [submersit Aegyptios in medium maris][4]. Fide iecit lignum per amarum fontem et dulces-factae sunt aquae. Et fide descendere-fecit manna ad saturitatem populi sui. Et fide extendit bracchium suum et vicit Amalec, sicut et scriptum est quod[5] : « *Fide extensa stabant bracchia Moysis usque ad occasum solis*[6] ». Et fide ascendit ille in

[6] cfr *Lv.* 10, *1*; 16, *1*; *Nu.* 3, *4*; 26, *61*. [7] cfr *Nu.* 16, *35*. [8] cfr *4 R.* 1, *10* et *ss.* [9] *Is.* 66, *16*. [10] *Is.* 66, *24*.

13. [1] *1 Co.* 3, *11*. [2] [...] UV*s*. [3] *1 Co.* 13, *15*.

14. [1] Nom. pendens. [2] [...] UV*s*. [3] *Ps.* 80, *6*. [4] [...] UVs. [5] *litt.* ait. [6] *Ex.* 17, *12*.

montem Sinai ieiunio bis quadraginta * dies. Rursus eadem fide percussit, evertit Sehon et Og reges Amorrhaeorum. * p. 15

15. Admirabile est, carissime, et magnum est hoc prodigium quod fecit Moyses in mari rubro, ut divisae sunt aquae fide, similes montibus excelsis, lapideis muris, impeditae stabant in altis, sicut in profundo; et mollities aquarum lapidescens stabat et non transibat limitem; et mutaverunt naturam creaturarum suarum; et oboediebant creaturae sine sapientia; et crescentes, erecti stabant fluctus et aspicientes exspectabant ultionem facere quando transiret populus; et admirantes stabant fluctus et videntes aspicientes mandatum Dei. Et apparuerunt fundamenta quae ab aeterno (sunt) et profunda abyssi quae ab initio firmata stabant, statim exsiccata sunt. *Elevaverunt portae capita sua sursum et sursum elevatae sunt portae quae aeternales (sunt)*[1]; et venit, intravit columna nubis et lucebat omnibus castris et venit, transivit populus fide. Et factum est iudicium veritatis in Pharaonem et in exercitus eius et in currus et in equos eius.

16. Hoc-modo et Iosue filius Nave fide divisit Iordanem flumen et traiecit filios Israel, sicut et in diebus Moysis. Hoc scito, carissime, quod transitus Iordanis fluvii ter divisus est; * primo per manum Iesu filii Nave, secundo per manum Eliae et deinde per manum Elisaei. Verbum quod scriptum (est), manifestum facit quod a transitu[1] qui (est) ad Iericho urbem, illinc elevatus est Elias in caelum; et ut reversus est Elisaeus (*Ełišay*) ab eo, percussit, divisit Iordanem et transivit et exierunt filii prophetarum qui in Iordane urbe (erant), obviam Elisaeo [et aiunt : « *Vere requievit Spiritus Eliae super Elisaeum* »[2].] *Et populus ut transivit Iordanem flumen in diebus Iosue filii Nave*[3], fide subvertit muros Iericho urbis; et ceciderunt, subversi sunt sine labore. Et rursus eadem fide cecidit, subvertit triginta et unum reges et sorte haereditare-fecit terram filiis Israel. *Et fide extendit manum suam per caelos et prohibuit solem in Gabaon et lunam in campo Aialon; et impediti stabant a cursu suo*[4]. Et omnes iusti patres nostri omne quodcumque operabantur, fide sua facti sunt fortes, quod et apostolus beatus testatus est de omnibus quod : « *Fide praevaluerunt*[5] ». Et Salomon ait : « *Multi sunt vocati homines misericordes; at homo credens, ubi invenitur*[6]? ». Et Iob ita dixit : « *Innocentiam meam ego a me non reiciam et in veritatem fidei meae firmatus stabo*[7] ».

15. [1] *Ps.* 23, *7,9*.

16. [1] *litt.* transitus. [2] [...] UV*s*, cfr *4 R.* 2, *8-15*. [3] cfr *Jos.* 3, *7*. [4] cfr *Jos.* 10, *12-13*. [5] *He.* 11, *33*. [6] *Pr.* 20, *6*. [7] *Job* 27, *5,6*.

* p. 17 **17.** * Et Dominus noster vivificator omnibus qui accedebant ad eum ut-sanarentur ab eo, ita dicebat: «*Secundum fidem tuam fiat tibi*[1]». Et caecus ut accessit ad eum, ait ad eum Iesus: «*Credisne tu quod possum ego te sanare*[2]»? Ait ad eum: «*Utique, Domine, credo ego*»[3]. Et fides eius aperuit oculos eius. Et ad hominem illum cuius filius aeger erat, Iesus ita ait ad eum: «*Crede tu et vivet filius tuus*[4]». Ait ad eum homo: «*Credo, Domine, adiuva incredulitatem meam*[5]». Et ubi-credidit[6], sanatus est filius eius. Et regulus ut accessit ad eum, secundum fidem suam sanatus est puer eius, ait: «*Dic tu verbo et sanabitur puer meus*[7]». Et miratus est Dominus propter fidem eius et secundum fidem eius factum est ei. Et [archysynagogus][8] ut precatus est Dominum propter filiam suam, Iesus ita dixit ad eum: «*Fide crede et vivet filia tua*[9]». Et credidit ille et vixit filia eius et surrexit. Et ut mortuus est Lazarus, ait Dominus noster ad Martham: «*Si credes tu, surget frater tuus*[10]». Ait ad eum Martha: «*Utique, Domine, credo ego*[11]». Et surgere-fecit eum Dominus post quatuor dies. *Et Simon* (*Šmawovn*) *qui petra vocatus est, propter fidem suam vocatus est ille petra vera*[12]». Et ut dedit Dominus noster sacramentum
* p. 18 lavacri * baptismi apostolis, ita dixit ad eos: «*Omnis qui credit et baptizatur, videt; et qui non credit, condemnabitur*[13]». Rursus ait ad apostolos: «*Si credetis et non dividemini in mente vestra, nihil est illud quicquam quod vos non poteritis facere*[14]». Et ut ibat, circuibat Dominus noster super aquas fluctuum maris, Simon fide sua cum eo ambulabat super aquas maris; ut haesitavit ille in fide sua, coepit ille mergi, et *vocavit eum Dominus noster incredulum*[15]. Et ut quaesiverunt apostoli a Domino, aliud nihil petierunt, nisi dicebant: «*Adde in nobis fidem*[16]». Et aid ad eos Dominus: «*Si inveniam in vobis fidem, et montes transferantur a facie vestra*[17]». Et ait ad eos Dominus noster: «*Nolite haesitare in fide vestra, ne forte mergamini in mundo, similes Simoni*, qui (*litt.* quia), *ut haesitavit ille, coepit mergi ille in medio maris*»[18]. Et rursus ait ad eos Dominus: «*Hoc signum fiet credentibus; et qui loquentur in novis linguis, daemonia eicient et manum suam ponunt super aegros et sanabuntur*[19]».

17. [1] *Mt.* 9, *29*; cfr *Mc.* 5, *34*; *Lc.* 7, *50*. [2] *Mt.* 9, *28*. [3] *Mt.* 9, *28*. [4] *Mc.* 9, *22*. [5] *Mc.* 9, *24*. [6] *litt.* in fide sua. [7] *Mt.* 8, *8,10*. [8] [...] UV*s*. [9] *Mc.* 5, *23,36*. [10] *Jn.* 11, *23*. [11] *Jn.* 11, *27*. [12] *Mt.* 16, *18*. [13] *Mc.* 16, *16*. [14] *Mt.* 21, *22*. [15] cfr *Mt.* 14, *31*. [16] *Lc.* 17, *5*. [17] *Lc.* 17, *6*; *Mt.* 17, *19*; 21, *21*. [18] cfr *Mt.* 14, *30*. [19] *Mc.* 16, *17,18*.

18. Accedamus ergo, carissimi, ad fidem, cuius tales multae virtutes inveniuntur[1]. Fides aliquos per caelum elevavit et aquas diluviorum vicit et progenies sterilium multiplicavit et a gladii ore eripuit et ligatos dimisit et a fovea expulit et pauperes divites-fecit et vexatos salvavit et ignem * e caelis descendere-fecit et mare divisit et petram scidit et aquam sitientibus potare-fecit et esurientes satiavit et mortuos vivificavit et ab inferis eripuit et fluctus obmutescere-fecit et aegros sanavit et virtutes vicit et muros evertit et ora leonum obturavit et flammam ignis exstinxit et superbos humiliavit et humiles in honorem gloriae reddidit. Hae omnes virtutes fide factae sunt. * p. 19

19. Fides haec est : ut credat aliquis in Deum omnipotentem qui fecit caelum et terram, mare et omne quod est in eis; *et ille fecit Adam secundum similitudinem imaginis formae suae*[1]; et ille dedit legem testamenti Moysi; et ille misit a Spiritu suo in Prophetas; et ille rursus misit Christum in mundum; et ut credat aliquis in resurrectionem vitae mortuorum; et ut credat aliquis in sacramentum lavacri baptismi. Haec est fides ecclesiae; et ut discedat homo ab observatione temporum et a Sabbatum-custodiente religione et a Noemeniae festis et ab annuis festis-anniversariis et a magia et ab astrologia et ab incantatione et ab incantamento et [a fornicatione][2] et a secta dissensionis, a machinamentis mali et a fallacibus verbis malitiarum et a blasphemia et ab adulterio impudicitiae et a cantibus immunditiae; et ne quisquam testetur testimonium falsitatum; et ne quisquam bilinguis fiat. Haec sunt opera fidei quae posita est super lapidem, quod ille ipse est Christus et super eum aedificantur omnia aedificia.

20. * Et alii plurimi[1] sunt, carissime, in Scripturis sermones fidei. Sed paulum e multo scripsi propter memoriam caritati tuae ut intelligas et instruas et credas et credere-facias. Et ut legeris et docueris, similis-eris tu dehinc operi terrae bonae in quam ciciderunt semina bonitatis et dedit fructum in-centesimum et sexagesimum et trigesimum. Et ut ieris tu ad Dominum tuum, *vocabit te servum fortem et diligentem, ut, propter fidem quae* (*litt.* quia) *multiplicata est, intres tu in regnum Domini tui*[2] ». Perfectus est (sermo) de fide. * p. 20

18. [1] *litt.* quod ... eius.
19. [1] cfr *Gn.* 1, *27.* [2] [...] UV*s*.
20. [1] *litt.* valde. [2] cfr *Mt.* 25, *21*, *23; Lc.* 19, *17*.

* p. 21 * DE EXEMPLO CARITATIS. II[1].

1. Persuasione tota lex et prophetae in duobus mandatis pendentes stant, sicut et dixit Dominus noster et salvator : « *Ei autem qui non vult oboedire, lex et prophetae pauci sunt et non sunt sufficientes ad suadendum et ad persuadendum ei*[1] ». Ita dixit Dominus noster quod[2] : « *In his duobus mandatis pendentes stant lex et prophetae*[3] ». Accepit ille legem et prophetas, suspendit in duobus mandatis his : *ut enim aliquis diligeret Dominum Deum suum e tota anima sua et e tota virtute sua et ex omnibus facultatibus; ut aliquis diligeret rursus proximum suum sicut se ipsum*[4].

2. Et ubi intrabis tu ipse [ad examen horum duorum mandatorum][1] in quibus[2] pendens stat tota virtus legis et prophetarum, (cognosces), si [haec duo verba et mandata in quibus sic pendens stat tota virtus legis et prophetarum][3] plantata essent in cordibus et in cogitationibus * p. 22 hominum, et non lex et * prophetae omnino necessarii quicquam fierent nobis, sicut et scriptum est quod : « *Super iustos lex nihil stat, sed super iniquos*[4] ». Et propter iniquos et impios facta est lex. Et si iustitia veritatis stans mansisset apud homines, nihil necessaria esset nobis lex. Et rursus si non lex posita esset, virtus Dei non manifestavisset in omnibus nationibus omnia mirabilia, quae ostendit. In transgressione mandati Adam primi hominis, mors intravit in mundum et virtus Dei manifesta facta est, et ut omnes homines surgunt, in tempore in quo extollitur virtus mortis. Propter iniquitatem quae facta est in diebus Noe, apparuit virtus Dei aquibus diluvii. Et (in) Abraham quod custodivit iustitiam veritatis quae e lege erat, priusquam lex posita esset, manifestata est ei virtus Dei per iustitiam veritatis. Et ille cui lex non erat posita, manifestavit in se ipso opus legis et nihil necessaria facta est lex iustitiae veritatis eius. Ita et Isaac (*Sahak*) et Iacob filii eius nihil indiguerunt, ut lex poneretur iustitiae et veritati eorum; Pater * p. 23 enim eorum praecepit eis ut * operarentur iustitiam et facerent ius, sicut et scriptum est quod dixit Dominus Deus de Abraham : « *Scio, ait, quod praecipiet ille de filiis suis et domesticis, ut custodiant illi omnia praecepta mandati*[5] ». Et Ioseph custodivit iustitiam veritatis quae e lege erat et non obtemperavit ille dominae suae. Cogitavit in mente

Tit. [1] = ܒܝܬ, scilicet secunda littera syriaci ordinis litterarum.

1. [1] cfr *Lc.* 16, *31*. [2] *litt.* ait. [3] *Mt.* 22, *40*. [4] *Mt.* 22, *37-39*.

2. [1] [...] X*s*. [2] *litt.* quia in istis. [3] [...] Us. [4] *1 Tm.* 1, *9*. [5] *Gn.* 18, *19*.

sua, ait : « *Quomodo operabor hoc horribile malum et peccator inveniar coram Domino*[6] ? » Et Moyses custodivit iustitiam veritatis quae e lege erat, *in tempore ut negavit ille et non suscepit ut vocaretur ille filius filiae Pharaonis*[7] ; propter illud dignum fecit eum Dominus eius ut per eum daret legem populo suo. Omnes hi manifestaverunt in se ipsis opera legis et iustitiae veritatis, eis lex nihil posita est, *quia illi quidem facti sunt lex sibi ipsis*[8].

3. Et ut venerunt, advenerunt tempora legis, *addita est illa propter transgressionem*[1]. Et ostendit (Scriptura) de illa quod additio facta est. Et quare vere facta est additio ? Nisi propter vocationem gentium, quod prius antea data erat promissio quam lex. *Et facta est illa sicut custos et paedagogus*[2], donec veniret semen illud quo[3] benedicuntur omnes nationes. * Et verbum iurumiurandorum, quod promissum est * p. 24 Abrahae, quod est testamentum promissionis, (est) illud, quod dixit ei quod[4] : « *In semine tuo benedicentur omnes nationes*[5] ». Et (est) verbum hoc quod hoc ipsum est testamentum, ante legislationem quadringentis et triginta annis data est promissio [Abrahae, ut gentes benedicerentur in Christo][6]. Et lex post quadringentos et triginta annos posita est. In tempore ut hanc promissionem accepit Abraham, octoginta et quinque annorum erat ille ; et ab illo tempore usque ad tempora illa in quibus intravit Iacob in terram Aegyptiorum, sunt anni quasi ducenti et quinque ; et a tempore ingressus est Iacob in terram Aegyptiorum usque ad tempora exitus populi eius Israelitarum a terra Aegyptiorum per Moysem, sunt anni quasi ducenti viginti et quinque.

4. Et scriptum est verbum habitationis eorum, quam habitaverunt filii Israel in terra Aegyptiorum quadringentos et triginta annorum. Et cur ut ducentos et viginti et quinque annos habitaverunt filii Israel in terra Aegyptiorum, scripti sunt eis quadringinta et triginta anni ? sed in illo tempore in quo dixit Deus : « *Sciens scito quod peregrinum fiet semen tuum, in terra aliena et ad servitutem oboedientiae affligent id annos quadringentos*[1] ». In eodem tempore * in quo dixit Abrahae * p. 25 quod « *Filius fit tuus*[2] », fide efficta sunt verba haec in corde Abrahae, sicut et scriptum est : « *Credidit Abraham ad Deum et numeratum est ei ad iustitiam*[3] ». Et verbum oboedientiae quam in terra Aegyptiorum oboediunt et serviunt, conceptum est in corde Abrahae et coepit ille

[6] *Gn*. 39, *9*. [7] cfr *He*. 11, *24*. [8] *Rm*. 2, *14*.

3. [1] cfr *Ga*. 3, *19*. [2] cfr *Ga*. 3, *24*. [3] *litt*. quia illa (re). [4] *litt*. ait quod. [5] *Gn*. 18, *18*; 22, *18*; 26, *4*. [6] [...] WY*s*.

4. [1] *Gn*. 15, *13*. [2] *Gn*. 15, *4*. [3] *Gn*. 15, *6*.

sollicitus esse in mente sua et dicere, quomodo fiat semen suum ad oboedientiam servitutis, et factum est cor Abrahae servus oboediens in terra Aegyptiorum. Eodem-modo Isaac (*Sahak*) et Iacob solliciti-erant de eadem oboedientia et spiritus eorum oboediens erat in terra Aegyptiorum. Promissio enim servitutis data est Abrahae semini, antequam nascerentur prius; praematurius erat verbum quam nativitas Isaac quindecim annis et prior est promissio servitutis quam ingressus eorum in terram Aegyptiorum ducentis et quinque annis; et prior est promissio illa, quod[4] in semine Abrahae benedicentur omnes nationes, quam legislatio quadringentis et triginta annis. Et non potuit promissio impedire et transire-facere legem; at lex sicut additio aliqua facta est super verbum promissionis, donec veniret, adveniret tempus eius.

5. Et custoditum est verbum mille et septingentos et nonaginta et quattuor annos, quidem a tempore illo quia data est promissio Abrahae
* p. 26 et donec veniret; et factum est illud in custodia mille et trecentos * et sexaginta et quattuor annos post legislationem. Et prius est illud quam lex quadringentis et triginta annis et, ut advenit, et impedivit observantias quae a lege erant. Et plane, integre impleti sunt lex et prophetae super haec duo mandata de quibus[1] Dominus noster dixit; at verbum scriptum est, quod ait: «*Tota lex et prophetae usque ad Iohannem* [*Baptistam*]* *prophetaverunt*[2]». Et Dominus noster ait: «*Non veni solvere legem et prophetas, sed confirmare et perficere eos*[3]». Et rursus scriptum est quod[4]: «*Veritas legis per Iesum facta est*[5]».

6. Quid autem vere imperfectum erat a lege et a prophetis, quod opus erat eis confirmari et perfici? Nisi quod sepultum stabat in eis testamentum, illud verbum promissionis. Non enim erat sigillatum testamentum quod datum est Moysi, donec veniret, adveniret hoc ultimum testamentum, quia illud primum supra annuntiatum est et infra signatum, confirmatum est; et mortuus est qui tulit testamentum; et deinde confirmata sunt testamenta ambo et *fecit ambo unum et legem praeceptorum in praeceptis mandati sui destruxit*[1]. Et necessitas legis destructa est in adventu Domini nostri; et obtulit se ipsum pro sacrificiis illis quae a lege erant et traditus est ille sicut agnus ad occisionem pro agnis propitiationis; et immolatus est nobis vitulus pinguis, ne indi-
* p. 27 geremus offerre vitulos ex agro, venit et ascendit ad crucem * ne

[4] *litt.* quae.

5. [1] *litt.* quod ... de eis. [2] *Mt.* 11, *13*; *[...] NSTWX*s*. [3] *Mt.* 5, *17*. [4] *litt.* ait. [5] *Jn.* 1, *17*.

6. [1] *Jn.* 1, *17*.

requirerentur a nobis victimae et sacrificia; effudit sanguinem suum pro omnibus hominibus ne requireretur a nobis sanguis ferarum; *introivit ille in tabernaculum sanctitatum quod sine manufactu est; et factus est sacerdos et minister sanctitatis*[2]. A tempore illo a quo venit ille, destruxit ille observantias legis; et a tempore illo a quo ligaverunt eum, ligatae sunt festivitates festorum-anniversariorum eorum sicut in vinculis; et quod voluerunt illi iudicare iustum, transire-fecit ab eis iura iudiciorum; et quod contempserunt illi imperium regni eius, abstulit ab eis dominationem et regnum imperii, quoniam *venit ille cuius suum est regnum*[3]; et factus est ille sacrificium vivum pro nobis et destruxit ille victimas et sacrificia eorum *et facti sunt filii Israel sine sacrificiis et sine altari et sine eo qui induebat vestem sacerdotii et iniciebat thus coram domino*[4]; et destructi sunt ab eis visiones et prophetae, quod non facti sunt illi oboedientes magno prophetae; et impletum, perfectum est testamentum primum ultimo testamento hoc; senuerunt, veterata sunt opera legis et conversa sunt in corruptionem; a tempore a quo datum est novum, destructum est vetus. Et non solum a tempore adventus Domini nostri spretae sunt victimae et sacrificia eorum, sed etiam ante illud tempus non benignae-fuerunt ei victimae eorum, sicut et scriptum est quod[5] : * « *Non comedo ego carnem taurorum tuorum et non sanguinem* * p. 28
hircorum tuorum bibo ego; sed offer Deo sacrificium benedictionis et perfice altissimo vota tua[6] ». Et rursus ait : « *Cor sanctum quaerit Deus*[7] ». Et rursus ait : « *Non consensi ego cum victimis et holocausta sacrificiorum ego nolo*[8]. *Sacrificium Dei spiritus humilis est*[9] ». Et Isaias ait : « *Non est quicquam mihi opus multitudine victimarum vestrarum*[10] ». Et rursus ait ad eos Propheta : « *Odi et contempsi festivitates festorum-anniversariorum vestrorum et non amplius odoratus sum in incensa proposita vestra*[11] ».

7. (Est) hoc verbum quod dixit Dominus noster et Salvator, in quo[1] pendentes stant lex et prophetae, pulchrum, bonum et conveniens est. Dominus enim noster ita ait : « *Signum unum a lege et a prophetis non transibit donec omnia perficiantur*[2] ». Cepit ille legem et prophetas, suspendit eos in duobus mandatis et nihil destruxit ab eis. Et si aspexeris bene ad verbum hoc, ita est vera observantia legis; et omne[3] quod scriptum est in ea, sub verbo illo est : « *Dilige Dominum Deum tuum a*

[2] cfr *He*. 9, *11,12*. [3] *Gn*. 49, *10*. [4] cfr *Os*. 3, *4*. [5] *litt*. ait. [6] *Ps*. 49, *13, 14*. [7] *Ps*. 50, *19*. [8] *Jr*. 6, *20*. [9] *Ps*. 50, *19*. [10] *Is*. 1, *11*. [11] *Am*. 5, *21*; cfr *Is*. 1, *14*.

7. [1] *litt*. quia in eo. [2] *Mt*. 5, *18*. [3] *litt*. omne quoddam.

tota anima tua et a tota virtute tua et ex omnibus facultatibus tuis[4] »; et omne[5] quodcumque opus erat, in lege (erat), ut accederent ad-diligendum Dominum Deum suum et ut diligeret aliquis propinquum carnis suae sicut se ipsum. Et haec duo praecepta sunt super totam legem. Et ut posueris in mente tua et aspexeris ad legem, in principio * p. 29 legis * sic scriptum est quod[6] : « *Ego sum Dominus Deus tuus, qui eduxi te a terra Aegyptiorum; ne feceris tu tibi aliquam similitudinem imaginum*[7] ». Et ubi nemo facit sibi alium Deum praeter illum, fit ille dehinc sub verbo illo in quo pendentes stant lex et prophetae. Et hoc memento tu, quod scripsi ego tibi quod super iustos lex ulla non stat; ille enim qui custodit veritatem iustitiae, est ille supra iussum mandatorum et supra legem et prophetas; et firmum et verum est verbum quod dixit Dominus noster, quod : « *Non transibit iota, signum unum a lege et a prophetis*[8] »; sigillavit enim [eos][9] et duxit, perfecit in duobus mandatis.

8. Audi tu persuasionem beneplaciti verbi huius. Si quis dicat quare scriptum sit verbum hoc habitationis quam habitaverunt filii Israel in terra Aegyptiorum quadringentos et triginta annos, et ubi annuntiatum est verbum hoc quod dictum est Abrahae, quod quadringentos annos fiet, et acceperunt tringinta ultra, ostendo tibi, carissime, quomodo sit hoc. Ut venit, advenit perfectio quadringentorum annorum, missus est Moyses ut salvaret eos. In tempore ut percussit, occidit ille hominem Aegyptium, et illi contempserunt salvatorem suum et factus est profugus Moyses et abiit in terram Madian; et fuit ira furoris super filios Israel, ut starent, manerent ibidem in eadem servitute in * p. 30 terra Aegyptiorum * triginta annos. Aiunt ad Moysem : « *Te autem quis constituit principem vel iudicem super nos?*[1] » Et ut contempserunt illi salvatorum suum, ira furoris Domini Dei conclusit eos ibidem triginta annos. Et deinde ut multiplicatae sunt tribulationes cruciatus eorum, eduxit eos Dominus Deus a terra Aegyptiorum. [In hoc omni[2]] quod fecit Deus, patientiam suam ostendit, primum ut illi corrigerentur propter contemptum Moysis; et secundo ut perficerentur peccata iniquitatis Amorrhaeorum. Amplius quam mensuram quam dixit ad Abraham, adiecit populo triginta annos et apud Amorrhaeos patiens factus est in concessione remissionis peccatorum eorum septua-

[4] Dt. 6, *5*; *Mt*. 22, *37*. [5] *litt*. omne quoddam. [6] *litt*. ait. [7] *Ex*. 20, *2,4*.
[8] *Mt*. 5, *18*. [9] [eos] UV*s*.

8. [1] *Ex*. 20, 2, *4*. [2] [...] *litt*. hoc omne.

ginta annos, triginta annos in terra Aegyptiorum et quadraginta annos in deserto. Deinde ut perfecti sunt quadringenti et triginta anni[3] et in repletione, perfectione peccatorum Amorrhaeorum, duxit, introduxit eos ad terram promissam donorum.

9. At hoc scito, tu, carissime, quod Deus sine lege est; est tempus, dilatat et abbreviat; et est tempus, addit, quod paucum est. Anathematizavit et maledixit eis in diebus Noe propter iniquitatem hominum et ait: «*Erunt dies vitae hominum centum et viginti anni*[1]». Et delevit, evertit eos in anno sexcentesimo vitae Noe. Ait: «*Centum et viginti anni erunt super terram*[2]». Et in anno sexcentesimo vitae Noe delevit, evertit eos et imminuit viginti * annos. Et rursus scriptum est, in * p. 31 tempore ut iniquitates iniqui regni [domus][3] Ephraïm multiplicatae sunt, ut regnavit super eos Ieroboam (filius) Nabat, qui inique-egit et peccare-fecit Israel et, ut peccaverunt et transgressi sunt illi, dixit de eis in prophetia Isaiae prophetae quod[4]: «*Post sexaginta et quinque annos deficiet regnum Ephraïm a populo*[5]». In annis Achaz factum est verbum *et in anno quarto Ezechiae regis venit, advenit super eos Salmanasar, rex Assyriorum et post eum Theglatphalasar et captivos ceperunt, deportaverunt eos in terram suam*[6]. Regnavit Achaz sedecim annos et in anno quarto Ezechiae regis dominati sunt super eos reges Assyriorum; viginti anni tantum fiunt et defecit Ephraïm ab Israel; et quadraginta et quinque annos defecit ab eis. Et hoc, quod prius dixit et posuit tempus, et non perfecit mensuram quam posuerat.

10. Non quasi nesciebat, quod dixit de eis quod ita fient, et deinde adduntur et diminuuntur anni; sciebat Deus quod ad hanc-mensuram veniunt, adveniunt (anni), et ille propter misericordiam clementiae suae dat locum paenitentiae ut sine responso fiant homines; at homines contemnebant patientiam et indulgentiam Dei; et in tempore ut audiebant quod multa tempora stant, et deinde venit, advenit dicta ira * super * p. 32 eos, et audebant peccare coram eo et dicebant: «*Quodcumque prophetae aiunt, in remota tempora prophetizant*[1]». Propter hoc ut hanc cogitationem coeperunt cogitare in diebus Ezechielis prophetae et dicebant: «*Quodcumque prophetizat ille, in remota tempora futurum est*[2]», ait Dominus ad Ezechielem: «*Vivus sum ego, ait Dominus voluntatis-factor; non etiam tardabo verba mea; sed verbum quod dico,*

[3] Versio armena omisit numerum «quadraginta» in Syr. inventum. [4] *Gn.* 6, *3.*

9. [1] *Gn.* 6, *3.* [2] *Gn.* 6, *3.* [3] [...] UV*s.* [4] *litt.* ait. [5] *Is.* 7, *8*; cfr *Is.* 17, *13.* [6] cfr *IV R.* 18, *9,10*; 15, *29*; *1 Ch.* 5, *6,26.*

10. [1] *Ez.* 12, *27.* [2] *Ez.* 12, *27.*

facio subito et perficio[3] ». Et hoc, ut prius posuit mensuram, paenitentiae locum dedit hominibus; et illi contemnebant patientiam Dei et non convertebantur ad paenitentiam; et ille decipit tempus positum et firmatum. Et non quasi non scientia facit, sed sicut et scriptum est: « *Vae illis qui miseria-affecti sunt; at vos nolite miseria-affici, fallax ne persequatur vos*[4] ». Et rursus scripsit Ieremias propheta : « *Si dixero de populo et regno ad-eradicandum, destruendum, evertendum, perdendum et subvertendum et (si) convertetur populus a malis suis, et ego decipiam sermonem meum et avertam ab eis malum quod dixi de eis*[5] ». Et rursus ait : « *Si dixero de populo et de regno ad-aedificandum et ad-plantandum et (si) fecerit iniquitates* [*coram me*]*, *et ego decipiam verbum meum et avertam ab eis bonum quod dixi (ut)-facerem eis*[6] ».

11. At (est) hoc omne quod scripsi tibi, carissime, quod prius in
* p. 33 oratione hac in sermone fidei ostendi tibi quod fide firmantur * fundamenta huius pacti in quo nos stamus; et in hoc secundo sermone scripsi, memoravi tibi quod tota lex et prophetae in duobus mandatis pendentes stant, in eis de quibus Dominus noster dixit[1]; et in illis quidem in illis duobus inclusa, obsessa stat tota lex. Et in eadem lege inclusa, stat fides et fide firmatur caritas vera, illa quae ea ipsa est sola ex duobus mandatis; et ut Deum diligit homo, et proximum suum diligit sicut se ipsum.

12. Audi ergo tu, carissime, de hac caritate quae est unum e duobus mandatis. Ut venit Dominus noster, ostendit ille voluntatem caritatis, ait ad discipulos: « *Hoc est praeceptum meum ut invicem diligatis*[1] ». Rursus ait : « *Praeceptum novum do vobis ut diligatis invicem*[2] ». Et rursus ut ostendit de caritate, ita monuit eos et ait : « *Diligite inimicos vestros et benedicite ei qui maledicit vobis et orationes facite eis qui vexant vos et persequuntur vos*[3] ». Et hoc [dicebat][4] ad eos : « *Si diligitis vos eum qui vos diligit, quae utilitas vel beneficium est vobis, quod et gentes idem operantur? qui diligit eos, diligunt eum*[5] ». Rursus ait Dominus noster : « *Si facitis vos bonum eis qui vobis bonum volunt, quod beneficium est vobis illud, quod et Publicani et peccatores idem operantur;*
* p. 34 *sed * vos quod filii vocati estis Patris caelestis, similes estote (illi), quod ille miseretur et misericordiam-praestat super ingratos*[6] ». Et rursus ait Dominus : « *Dimittite et dimittetur vobis, solvite et solvetur vobis*[7] ».

[3] *Ez.* 12, *28.* [4] *Is.* 33, *1.* [5] *Jr.* 18, *7,8.* [6] *Jr.* 18, *9,10,* *[...] UV*s*.
11. [1] *litt.* circa quae ... propter ea.
12. [1] *Jn.* 15, *12.* [2] *Jn.* 13, *34.* [3] *Mt.* 5, *44; Lc.* 6, *27,28.* [4] [...] UV*s*
[5] *Lc.* 6, *32*; *Mt.* 5, *46.* [6] *Lc.* 6, *33,35.* [7] *Lc.* 6, *37,38.*

Et rursus ait ad nos et timorem et metum coram posuit : « *Si non dimiseritis vos filiis hominum delicta eorum, quibus peccabunt ad vos, neque Pater vester caelestis dimittet vobis peccata vestra*[8] ». Hoc est quod monuit et ait : « *Si peccaverit tibi frater tuus, dimitte ei ; et quamvis septies peccaverit in-te in uno die, dimitte ei*[9] ».

13. Et ut audivit Simon verbum hoc, ait ad eum : « *Quoties, si peccaverit mihi frater meus, dimittam ei? Septies? Ait ad eum Dominus : Non (dico) septies solum, sed septies septuagies*[1] ». Etiamsi, inquit, quadringenties et nonagies peccaverit tibi, dimitte ei in die uno. Et similis factus est ille Patri benefico qui multam fecit indulgentiam remissionis propitiationis erga Ierusalem. Et ut captivos- duxit filios Israel per terram Babyloniorum, correxit eos illic septuaginta annos ; et ut conversus est ad miserationem misericordiae suae, duxit, congregavit eos in terram suam per Esdram scribam et amplificavit, multiplicavit apud eos veniam remissionis in dimidium diei sui, (scilicet) septuaginta hebdomades annorum, quadringentos et nonaginta annos. Et in tempore ut sanguinem iustum effuderunt, nec amplius facta est propitiatio * remissionis peccati Ierusalem, sed tradidit eam in manus hostium eorum ; evulserunt, everterunt eam et non reliquerunt in ea lapidem super lapidem et non reliquerunt fundamenta eius Domino. Et non [dixit][2] ad filios Edom quod capient retributionem, quod non vocaverunt super Ierusalem quod : « *Destruite, destruite, usque ad fundamentum afferte*[3] ». At Deus in dimidium diei sui dimisit quadringentos et nonaginta annos et tulit ille peccata eorum. Et deinde evulsit, evertit ille Ierusalem et tradidit eam in manus alienorum. Et Vivificator noster sic praecepit ut in die uno dimitteret homo fratri suo quadringenties et nonagies.

* p. 35

14. Ne difficile videatur tibi, carissime, verbum quod scripsi tibi, quod in dimidium diei sui dimisit [Deus][1] Ierusalem ; sic scriptum est in David in psalmo nonagesimo : « *Mille anni ad oculos Domini sicut dies hesternus qui praeterit*[2] ». Et enim doctores nostri sapientes ita dicunt quod in similitudinem sex dierum posuit mundum Deus et in perfectione sex mille annorum solvitur mundus et fit sabbatum Dei in similitudinem dierum sabbati quod est post sex dies ; sicut interpretatus est et ostendit nobis Salvator noster de die sabbati, ita ait : « *Orate ne fiat fuga in-hieme neque in die sabbati*[3] ». Et apostolus rursus ait :

[8] *Mt.* 6, *15.* [9] *Lc.* 17, *3,4.*

13. [1] *Mt.* 18, *21,22.* [2] [...] UV*s.* [3] *Ps.* 136, *7*; cfr *Ez.* 25, *12-14.*

14. [1] [...] UV*s.* [2] *Ps.* 89, *4.* [3] *Mt.* 24, *20.*

* p. 36 «*Hactenus etiam stat* * *sabbatum Dei*[4]; *studeamus ergo ad-ingrediendum in requiem illam*[5]».

15. Dum docet Dominus noster orationem discipulos suos, sic ait: «*Dicite*: *Dimitte nobis peccata nostra ut et nos dimittamus nostris debitoribus*[1]». Et rursus ait: «*Quando obtuleris tu oblationem et ibi recordatus eris quod adversus fratrem tuum impedimentum aliquod in mente habebis vel odium, relinque oblationem tuam coram altari et vade, reconciliare cum fratre tuo et deinde veni, offer oblationem tuam*[2]», ne, dum homo oraverit et dixerit: «*Dimitte nobis peccata nostra ut et nos dimittamus nostris debitoribus*[3]», [captus][4] inveniatur ille in verbis oris sui et dicat ad eum ille qui orationem accipit quod: «Tu non dimittis fratri tuo; tibi ergo quomodo dimittam», et maneat oratio tua ibidem in terra. Et rursus ostendit nobis Dominus exemplum hominis illius qui coepit ostensionem facere et reddere rationem a servis suis; et ut venit coram eo servus qui debebat ei decem milia talenta, et ut pressit, compressit eum ut redderet quodcumque deberet ei, et ubi non potuit reddere debita Domino suo, iussit dimitti eum Dominus et omnia debita dimisit ei. At servus in malitia sua non meminit remissionis Domini sui quantum aliquid abundare-fecisset ad se misericordiam
* p. 37 * clementiae suae et *ille ut exivit illinc, invenit unum e sociis suis qui debebat ei centum denarios, vehementer percussit eum et tenuit, suffocabat eum et dicebat: Veni, da, redde subito quodcumque debes tu mihi*[5]; et non accepit ille preces socii sui quibus rogabat eum, sed cepit, duxit, posuit eum in domo carceris. Et quod non dimisit ille socio suo paulum, cui (*litt.* quia ei) multa remissio facta est, traditus est ille in manus carnificum ut cruciarent eum, donec daret ei omne[6] quod debebat ei. Et ait ad eos: «*Sic faciet vobis Pater meus qui in caelis est, si non remiseritis vos* [*unusquisque*] * *fratri suo*[7]».

16. Rursus, carissime, vide quomodo aestimet caritatem, quod apostolus ait: «*Desiderabilia sunt dona quae meliora sunt; at ego multo maiorem viam ostendo vobis*[1]». Et ait: «*Si habuero ego prophetiam et novero ego mysteria omnia et totam scientiam et* [*si habuero totam fidem*]* *usque ad montium translationem et caritatem non habuero, nihil quidem sum. Et si nutrio omnibus rebus meis pauperes et trado corpus meum ad incendium et (si) caritatem non habeo, nihil lucror*[2]». Ait: «*Caritas*

[4] *He.* 4, *9.* [5] *He.* 4, *11.*

15. [1] *Mt.* 6, *12.* [2] *Mt.* 5, *23, 24.* [3] *Mt.* 6, *12.* [4] [...] NSTWXY*s.* [5] *Mt.* 18, *28.* [6] *litt.* omne quoddam. [7] *Mt.* 18, *35*, *[...] *litt.* homo.

16. [1] *1 Co.* 12, *31.* [2] *1 Co.* 13, *2, 3;* * [...] *UVs.*

*patiens est, dulcescit, caritas non aemulatur, caritas non inflatur, caritas non superbit, caritas * non confundit, caritas non quaerit suam solam* * p. 38 *requiem, sed quodcumque multorum requies erit; caritas omne quoddam suffert et omne perfert, caritas numquam cadit*[3] ». Rursus ait : « *Maior est caritas quam omne*[4] »; interpretatus est et ostendit apostolus, quod post fidem, caritas est optima et ea firmantur aedificia firma. Et rursus ostendit quod prophetia caritate firmatur et mysteria caritate manifestantur et scientia caritate perficitur et fides caritate firmatur; ille autem qui fide Domini montes transfert, sine caritate nihil prodest; etiamsi omnes res suas [homo][5] dederit pauperibus, et (si) dona eius non caritate distribuuntur, nihil prodest ei; etiamsi incendit aliquis igne corpus [suum][6] pro nomine Domini sui, nihil tamen prodest. Et ostendit patientiam et benignitatem, quod nemo aemulabitur cum fratre suo, hoc invenitur apud eum qui caritate plenus est, patientia et humilitas eadem caritate firmantur. Fides ponitur super petram aedificii; et caritas compago aedificii, qua (*litt.* quia per-eam) firmati ligantur parietes templi. Et si dolus aliqui inveniatur in compagine domus, cadens subvertitur totum aedificium; eodem-modo et in caritate si haesitatio invenitur, cadit, subvertitur omnis fides. Et * nequit fides * p. 39 reicere, transire-facere aemulationem et contentionem, donec venit, advenit caritas pacifica, quemadmodum non est possibile aedificio pulchro-fieri, si non cum-trabibus-stabilitum fit.

17. Rursus ostendam tibi, carissime, quod melior est caritas quam omne quoddam et ea perfecti sunt iusti primi. (*Scriptura) ostendit de Moyse, quod pro populo suo se ipsum dedit propter eos ut-deleretur a libro vitae, at dummodo populus ne deleretur*[1]. *Et in tempore ut venerunt, congregati sunt, circumdederunt, obsederunt ad lapidandum eum et Moyses preces offerebat coram Deo pro eis ut salvarentur*[2]. *Et David ostendit exemplum caritatis; in tempore dum persecutus circumibat a Saul, et semper captabat animam eius ad occidendum eum et David miserationem misericordiae caritate faciebat adversus Saul inimicum suum qui captabat animam eius; et traditus est Saul in manus Davidis et non occidit eum et reddidit bonum pro malo*[3]. Propter hoc non defecit bonum a domo eius; et Saul, quod reddidit malum pro bono, non defecit malum a domo eius; et invocavit ille Deum et non exaudivit eum et cecidit ille in

[3] *1 Co.* 13, *4-8*. [4] *1 Co.* 13, *13*. [5] [...] UV*s*. [6] [...] UV*s*.

17. [1] cfr *Ex.* 32, *31, 32*. [2] cfr *Nu.* 14, *10-19*. [3] cfr *1 R.* 24, *4 et ss*; 26, *7 et ss*.

gladio Philistaeorum; *et flevit David amare super eum*[4]. Et praevenit, prius perfecit mandatum Domini nostri, quod ait: « *Diligite inimicos vestros*[5]; *dimittite et dimittatur vobis* »[6]. Hoc-modo et David dilexit et dilectus est, dimisit et dimissum est ei.

18. Et Elisaeus (*Elišay*) eodem-modo etiam ostendit hanc caritatem, * p. 40 ut venerunt, advenerunt * inimici tentum et cruciatum eum. *Et ille benefecit eis, panem et aquam posuit coram eis et dimisit eos a se ipso in-pace*[1], et perfectum est verbum quod scriptum est, quod[2]: « *Si esuriens est inimicus tuus, panem da ei; et si sitiens est, aquam da ei*[3] ». Et Ieremias propheta propter eos qui eiecerunt eum in foveam et semper cruciabant eum, et preces offerebat coram Deo propter eos. Eandem ergo similitudinem antiquorum docuit nos Dominus noster salvator ut diligeremus inimicos nostros et oraremus osoribus nostris. Et si pro inimicis nostris praecepit nobis ut-amaremus et pro osoribus nostris oraremus, quisnam potest respondere ei in die magno, quod ecce fratres nostros et corpora nostra odimus? *E corpore enim Christi sumus nos et membra e membris eius*[4]. Ille autem qui odit unum e membris Christi, separatus invenitur ille a toto corpore; et qui odit fratrem suum, separatur ille a filiis Dei.

19. Et hanc quam[1] docuit Salvator noster, alacritatem mentis, primum ipse perfecit eam in se ipso et deinde docuit (eos) qui audiebant eum. Et ille reconciliavit inimicitiam nostram cum Patre suo, quod dilexit nos et innocentiam suam tradidit pro reis; et beneficus pro malis contumelia-affectus est et dives pro nobis pauper-factus est et * p. 41 vivus pro mortuis mortuus est et morte sua vivificavit * mortalitatem nostram. *Et Dominus Filius Domini omnium pro nobis suscepit similitudinem servi*[2]; et ille cui[3] omnia parent, subiecit se ipsum ut nos dimitteret a servitute peccatorum. Et multa caritate [sua][4] *dedit nobis beatitudinem pauperibus in spiritibus eorum*[5] *et laeta-nuntiavit pacificis, quod fratres erunt eius et filii Dei vocabuntur*[6]; *et promisit humilibus, quod illi haereditabunt terram*[7]; *et nuntiavit lugentibus, (quod) precabuntur illos*[8]; *et praedicavit esurientibus, quod saturabuntur in regno eius*[9]; *et qui flent, laetificavit illos donis suis*[10]; *et promisit misericordibus, quod illi misericordiam invenient*[11], *et qui mundi erunt cordibus*

[4] cfr *2 R.* 1, *17.* [5] *Lc.* 6, *35.* [6] *Lc.* 6, *37.*

18. [1] cfr *4 R.* 6, *23.* [2] *litt.* ait. [3] *Pr.* 25, *21.* [4] *1 Co.* 12, *27*; *Rm.* 12, *5.*

19. [1] *litt.* quod. [2] cfr *Ph.* 2, *7.* [3] *litt.* quia ... ei. [4] [...] UV*s*. [5] *Mt.* 5, *3.* [6] *Mt.* 5, *9.* [7] *Mt.* 5, *5.* [8] *Mt.* 5, *4.* [9] *Mt.* 5, *6.* [10] *Lc.* 6, *21.* [11] *Mt.* 5, *7.*

suis, quod videbunt Deum[12]; *et laeta-nuntiavit illis qui persecutionem patientur propter iustitiam, quod illi ingredientur in regnum caelorum*[13]; *et (eis) qui persecutionem patientur pro nomine eius, promisit beatitudinem et requiem in regno suo*[14]. Et renovavit terrenam naturam nostram et *fecit nos sal veritatis*[15] et eripuit nos a cibo serpentis; et *vocavit nos lucem mundi*[16] et salvavit nos a potestate tenebrarum; *et bonos fecit nos pro malis et amabiles pro odiosis*[17] et *participes fecit nos hominis boni qui profert bona a thesauris suis et eripuit nos ab eo qui profert malitiam e corde suo*[18].

20. * Propter multam caritatem suam, sanavit plagas aegrorum. * p. 42 *Sanavit ille puerum centurionis propter fidem eius*[1]; *et silere-fecit, cessare-fecit a nobis fluctus maris virtute sua*[2] *et persecutus est ille legionem daemonem propter gratiam suam*[3]; *et misericordia sua vivificavit ille filiam* [*archisynagogi*]*[4]; et *purificavit rursus mulierem ab immunditia sanguinis eius*[5], *aperuit oculos duorum caecorum qui accesserunt ad eum*[6]. *Et dedit discipulis* [*virtutem et*] * *potestatem pro omnibus doloribus et infirmitatibus*[7] *et nobis per eos. Cohibuit (nos) a via gentium et Samaritanorum*[8] *et dedit nobis virtutem misericordia sua ne timeremus, in tempore quando* [*offerant nos*] * *coram principibus mundi*[9]; *et divisiones iecit in terram propter multam aedificationem suam*[10]. *Et fecit remissionem mulieri peccatrici permagnorum peccatorum propter misericordiam suam*[11] *et dignos fecit nos secundum gratiam suam ut fieremus templum habitationis eius in custodiendis corporibus nostris diligenter ab omni immunditia*[12]; *et expulit a nobis spiritus immundos*[13] et fecit nos habitaculum Deitatis suae *et seminavit in nobis semen suum bonum ut daremus fructum in-centesimum, sexagesimum et trigesimum*[14]. *Et positus est ille in mundo sicut thesaurus qui (litt. quod) positus sit in agro*[15]; et ostendit ille magnitudinem virtutis suae, *quando iecerunt eum ex alto in profundum et nihil praevaluit ei*[16]; *et replevit esurientes miseros e quinque panibus et e duobus piscibus, quinque milia virorum manducaverunt ab eo * praeter* [*mulieres et pueros*]*[17]; et ostendit * p. 43 magnitudinem missoris sui. *Et propter multam caritatem exaudivit ille mulierem Chananaeam, Arabem Syriae et suscitavit filiam eius ab*

[12] *Mt.* 5, *8.* [13] *Mt.* 5, *10.* [14] *Lc.* 6, *22*; *Mt.* 5, *11, 12.* [15] *Mt.* 5, *13.* [16] *Mt.* 5, *14.* [17] cfr *Mt.* 5, *20 et ss*; 5, *43 et ss.* [18] *Lc.* 6, *45.*

20. [1] *Mt.* 8, *13.* [2] *Lc.* 8, *24*; *Mc.* 4, *39.* [3] *Lc.* 8, *32.* [4] *Lc.* 8, *55*, * [...] NSTWXY*s*. [5] *Mc.* 5, *29.* [6] *Mt.* 9, *30.* [7] *Lc.* 9, *1*; *Mt.* 10, *8*; *Mc.* 16, *17, 18;* * [...] UV*s*. [8] *Mt.* 10, *5.* [9] *Mt.* 10, *17-20*; *[...] V*s*. [10] *Lc.* 12, 51. [11] *Lc.* 7, *47.* [12] *Lc.* 14, *28.* [13] *Mt.* 12, *43*; *Lc.* 11, *24*; cfr *Lc.* 8, *2.* [14] *Mt.* 13, *23.* [15] *Mt.* 13, *44.* [16] *Lc.* 4, *29, 30.* [17] *Mt.* 14, *21*; *[...] UV*s*.

infirmitate[18]. *Et secundum potestatem missoris sui purgavit ille linguam* [*hominis*] * *muti, quod et auditu suo gravatus (est)*[19]; *et viderunt caeci lumen eius et benedixerunt per eum missori eius*[20]. *Et ut ascendit ille ad montem ad-orandum, superati sunt, victi sunt radii solis a luce eius*[20a]. *Et manifestavit maiorem virtutem suam erga puerum illum* [*quem*] * *affligebat spiritus immundus et secundum iussum verborum eius exivit, ivit ab eo*[21]. *Et dedit nobis exemplum similitudinis ut fieremus nos in similitudine puerorum parvulorum et intraremus in regnum caelorum*[22]. Dixit et ostendit de parvulis ne quis contemneret eos, *quod angeli eorum semper vident faciem Patris qui in caelis est*[23]. *Et ostendit rursus perfectam sanationem suam erga virum paralyticum, quod triginta et octo annis (abhinc) erat in infirmitate sua, et multiplicavit miserationem misericordiae suae ad eum et sanavit eum*[24]. Et *dedit nobis praeceptum ut relinqueremus hunc mundum et converteremur ad eum*[25]; et manifestavit nobis *quod ille qui mundum diligit, non potest placere Deo, in exemplo hominis divitis qui confidens factus est in rebus suis*[26] *et in exemplo hominis qui semper laetus fiebat rebus suis et factus est interitus eius*
* p. 44 *in inferno*[27]. *Et conduxit nos similes * operariis ut laboraremus in vinea sua, quod ille ipse est vinea veritatis*[28]. Hoc omne quod fecit Vivificator noster, propter magnam caritatem suam fecit ad nos. Et nos fiamus consortes et participes passionis Christi, diligentes alii alios, perficiamus haec duo mandata [in quibus][29] pendentes stant tota lex et prophetae. Perfectus est (sermo) de Caritate.

EXEMPLUM IEIUNII. III[1].

* p. 45 **1.** * Electum est ieiunium sanctum coram Deo et in custodia est sicut thesaurus in caelis; et armatura est adversus malum et scutum est, non accipiens[1] sagittas igneas ignitas inimici. Et hoc, non a mente quicquam dixi, sed Scripturae sanctae primum ut prius ostenderunt nobis quod semper ieiunium adiutor fuit illis qui ieiunaverunt cum-sanctitate. Carissime, ieiunium non est dehinc e pane et ex aqua solum, sed multae

[18] *Mt.* 15, *28.* [19] *Mc.* 5, *35*, [...] *alii s.* [20] *Mt.* 15, *31.* [20a] *Mt.* 17, *2.* [21] *Mt.* 17, *17*, *[...] *litt.* quod ... eum. [22] *Mt.* 18, *3.* [23] *Mt.* 18, *10.* [24] *Jn.* 5, *5.* [25] *Mc.* 8, *34*; *Lc.* 9, *23*; cfr *Mt.* 19, *21.* [26] cfr *Lc.* 12, *16 et ss.* [27] *Lc.* 16, *24.* [28] *Mt.* 20, *1* et *ss.* [29] [...] *litt.* quod in eis.

Tit. [1] = գամիլ scilicet tertium signum ordinis syriaci litterarum.
1. [1] *litt* ad-non accipiendum.

sunt observationes ieiunii. Est qui ieiunat a pane et ab aqua, donec esuriat et sitiat. Et est qui ieiunat ut fiat perfectus castitate et esurit et non comedit et sitiens est et non bibit; et melius est hoc ieiunium quam omne quoddam. Et est qui abstinet [ut fiat cum-sanctitate; et ieiunium sanctum dinumeratum est. Et (est) qui ieiunat][2] a carne et a vino et a variis cibis. Et [est][3] qui ieiunat ut ponat ostium ori suo ne loquatur verba cum-damno defectionis. Et est qui ieiunat ab ira et castigat colligationem suam ne superetur. Et est qui ieiunat a rebus facultatum ut tempus-habeat * in laboribus operum suorum. Et * p. 46 est qui ieiunat a variis cubilibus ut vigil sit ad-orandum. Et est qui ieiunat a rebus saeculi huius ne [turbetur][4] ille ab inimico. Et est qui ieiunat ut sit in luctu, ut placeat ille Domino Deo suo in tribulationem cruciatus. Et est qui congregat hoc omne et facit ea unum ieiunium. Sicut abstinet aliquis a cibis donec esuriat, et quando ieiunabit a cibo et potu, vocatur ille dehinc ieiunator, et si paulum manducaverit et biberit, solutum est ieiunium eius; eodem modo homo qui ieiunat ab his omnibus, et si interdum solverit singula ab eis, non autem amplius dinumeratum est ei ieiunium eius, quod ex his omnibus (non) est, sicuti non dinumeratum est ieiunium (eorum) qui manducant et bibunt gulose. Quod si contingat aliquid et propter famem suam solvat ieiunium suum, non maximum est peccatum eius; sed illi qui Deo-vovet in his omnibus et rursus solvere incipiet singula ab eis, magnum et horribile est peccatum eius et non paucum, quod voto pollicitus est ille coram Deo et rursus altera vice postea recessit ab illo.

2. Audi tu, carissime, exemplum ieiunii puri. Primo prius Abel ostendit ieiunium purum oblationibus suis; et Henoch, quod placuit Deo; et Noe, quod observavit simplicitatem in gente corrupta; et Abraham, fide sua; et Isaac (*Sahak*), quod custodivit mandata Dei; et * Iacob, propter iuraiuranda Isaac et quod novit Deum; et Ioseph, * p. 47 propter fidem suam. Horum omnium puritas eorum fuit eis ieiunium perfectum coram Deo. Et si non est puritas cordis, ieiunium non est acceptabile. Recordare et vide, carissime, quod meliores sunt hae res, quod [aliquis][1] mundabit cor suum et custodiet linguam suam et prohibebit manus suas a malo opere, sicut illud supra quod (*litt.* quia supra) scripsi ego tibi. Non decet hominem miscere mel cum felle. Quod si ieiunabit aliquis a pane et ab aqua, ne misceat ille in ieiunio suo

[2] [...] U*s*. [3] [...] *alii s*. [4] [...] UV*s*.
2. [1] [...] UV*s*.

maledictiones exsecrationum et detractiones blasphemiae. Unum ostium est domus tuae, quod illa ipsa est templum Dei; non te decet et opportunum (est) o homo, quod per ostium per quod rex intrat, proferunt per illud stercus vel sordem aliquam. Et ut ieiunabit homo ab omni sorde et recipiet corpus et sanguinem Christi, caveat ori suo per quod rex intrat. Non est tibi potestas, o homo, producendi per os tuum immunditiae verba. Et audi tu illud quod dixit Dominus noster vivificator, quod : «*Illud quod intrat in hominem, non polluit eum; sed quodcumque exit ab homine, illud polluit eum*[2] ».

* p. 48 **3.** * Servavit Moyses ieiunium cum-puritate *in tempore ut ascendit ille ad montem et venit, tulit legem populo suo; et confortatus est ieiunio suo (per) quadraginta (et) quadraginta dies*[1] et accepit ille gloriam maiorem, in tempore ut descendit, sedit gloria Dei super faciem eius et *avertit indignationem irae Domini Dei a populo suo et non subversi sunt*[2] ». Et similiter ieiunio Moysis, ieiunavit et Elias vir fortis, in tempore ut expulsus erat ille a facie Iezabel; et duxit, abiit, *profectus est ille usque ad Horeb montem, quadraginta-dierum ieiunio, in locum in quo locutus est Deus cum Moyse*[3]; illic manifestatus est ei Dominus Deus et praecepit ei et ait ad eum : «*Vade, unge tu Iehu, filium-Namsi (Jahov yAmešeancʿ) et Hazael, ut capiant vindictam e filiis Israel et Elisaeum, filius-Saphat* (*Ełišay Šapʿateancʿ*) *ut stet in loco tuo*[4] ». Et laetatus est in manifestatione Domini sui ieiunio [perfecto][5], sicut et laetatus est Moyses quando-ieiunavit quadraginta, quadraginta bis et avertit indignationem Dei a populo suo et descendere-fecit tabulam testamenti, quae scripta est digito Dei. Et hi ambo ieiunio suo perfecti sunt.

4. Et rursus ostendam tibi et ieiunium iniquitatis et sanguinis-effusionis, quod non est acceptabile, quod proclamavit Iezabel, instigatrix
* p. 49 * Achab, et vastatrix Israel. Scripsit edictum in nomine Achab et fecit ducere ad Iezrahel-filios [qui] (erant) viri iniqui, oboedientes iniquae Iezabel; et scripsit in edicto iniquitatis et ait sic : «*Ieiunium praedicate et ducite, sedere-facite Naboth in capite populi et sedere-facite in conspectu eius viros duos iniquos; et testificentur contra eum et dicant : Blasphemavit, ait, Naboth Deum et regem; et lapidetur lapidibus et moriatur*»[1]. Et hoc, carissime, quod scripsit eis Iezabel, quod : «Duo

[2] *Mt.* 15, *11*.

3. [1] cfr *Ex.* 24, *18* et 34, *28*. [2] cfr *Ex.* 32, *11* et 34, *28*. [3] cfr *3 R.* 19, *8*. [4] *3 R.* 19, *15*, *16*. [5] [...] UV*s*.

4. [1] *3 R.* 21, *9*, *10*.

homines testificentur contra Naboth», tamquam a lege sacra (expressum) misit ad eos. Nam in lege scriptum est quod : «*Mortis-reus quidam estne, ne moriatur ab ore unius testis, sed ab ore duorum testium moriatur*[2]». Et sic scriptum est : «*Primum manus* [*testium*] * *sit ad-lapidandum eum et deinde postea totus populus*[3]». Et rursus scripsit ad eos, ait sic : «Testificentur contra eum quod blasphemavit [Naboth][4] Deum et regem»; et hoc rursus veluti a lege scripsit eis in edicto iniquitatis. Scriptum est enim quod[5] : «*Omnis qui blasphemabit nomen Dei, lapidetur, quod ausus est ille maledicere et blasphemare nomen magnum*[6]». Sed Iezabel, non de nomine Domini sollicita quicquam erat quod blasphemavit, sed de cupiditate Achab sollicita erat, quod concupivit ille vineam Naboth * et non recordatus est Achab, quod * p. 50 scriptum est in lege : «*Ne concupiveris tu id quodcumque est proximo suo*[7]».

5. O Iezabel, subvertens Achab. Quis Deus est ille quem Naboth blasphemavit. (Ille) cuius tu evertisti altare, an ille cuius cecidisti prophetas? Et vel quem regem blasphemavit? Forsan (eum) qui [legem][1] praepedivit et voluit rapere hereditatem Naboth. Quare ergo non audivisti tu, Iezabel, illud quod scriptum est in principio mandatorum legis, quod scriptum est quod : «*Non adorabis alienum Deum*[2]?» At Iezabel adorabat idola Baal. Et rursus scriptum est quod : «*Noli effundere tu sanguinem iustum in terra quam dabit tibi Dominus Deus tuus*[3]». Decebat te, o Iezabel, recordari quod scriptum erat quod : «*Terra in qua sanguis effusus erit, ne propitietur super eam, nisi effundatur sanguis eius apud eandem*[4]». Num oportebat te timere, o Iezabel, hoc omne et deinde aemulari aemulationem iniquitatis, quod dixisti [quod] blasphemavit Naboth Deum, cum non blasphemavit? Et rursum scriptum est : «*Omnis qui effuderit sanguinem, eiusdem sanguis fundetur*[5]». Et Iezabel iniqua exacerbatrix effudit sanguinem iustum Naboth; propter hoc in loco in quo effusus est * sanguis iustus, in ieiunio * p. 51 iniquitatis, quod praedixit, effusus est sanguis Iezabel et comederunt eam canes. Et Achab, quod audivit consilium eius, linxerunt canes sanguinem eius.

6. Et si Iezabel elegit et cepit sibi a lege illud aliquid quod utile ei erat in defectionem animae suae, quod non quicquam illa legem custodiverat, vos, viri iniqui, Iezrahel-filii, quomodo vel quare accepistis

[2] *Dt.* 17, *6*; cfr *Dt.* 19, *15*. [3] *Dt.* 17, *7*; cfr *Dt.* 13, *9*; *[...] UV*s*. [4] [...] UV*s*. [5] *litt.* ait. [6] *Lv.* 24, *16*. [7] *Ex.* 20, *17*.

5. [1] [...] UV*s*. [2] *Ex.* 20, *3*. [3] *Dt.* 19, *10*. [4] *Nu.* 35, *33*. [5] *Gn.* 9, *6*.

edictum in quo scriptum erat ieiunium iniquitatis et testimonium iniustitiae et sanguinis-effusionis? In qua aetate audivistis hoc quod : [custodiant][1] ieiunium, et [effundant][2] sanguinem iustum. Quare non contempsistis vos edictum iniquitatis et testimonium iniustitiae? Propter hoc quaesita est vindicta retributionis ex Achab et Iezabel iustis poenis, propter iustum sanguinem Naboth quem fuderunt; et Iezrahel-filiis, quod audiverunt Iezabel, et ab eis quaesita est vindicta retributionis iustis iudiciis. Prophetat de eis Oseas et ait : « *Paulum adhuc requiram et vindictam sanguinis Iezabel super domum Iehu*[3] ». Et cepit Iehu vindictam sanguinis Naboth ex Iezabel et ex Achab et e domo eius et Iezrahel-filios percussit, cecidit, evertit in ore gladii sui in domo idolorum Baal. Et venit, advenit super eos sanguis Naboth, sicut
* p. 52 et dixit Iehu in die et in hora * retributionis et poenarum petitionis dicebat : « *Vespere vidi ego sanguinem Naboth et sanguinem filiorum eius*[4] ». Vindicatio enim retributionum fit eis; et fuit ieiunium quod servaverunt Iezrahel-filii in condemnationem.

7. Rursus custodiverunt Ninivitae ieiunium purum, quamquam Ionas eversionem praedicavit eis. Sic scriptum est, in tempore ut audiverunt illi praedicationem Ionae, ieiunium quotidianum praedicaverunt, et preces continuas, ut sederunt illi super saccum et cinerem. Et exuerunt [vestes] deliciarum suarum et induti sunt sacco (sicut) vestimento pro illis. Prohibuerunt infantes ab ubere matrum suarum et ovem et bovem a pascuo. Sic scriptum est quod : « *Advenit verbum ad regem Ninivitarum et surrexit, stetit a throno suo et extulit coronam a capite suo et indutus est sacco et sedit super cinerem. Et praedicavit in Ninive urbe sua et ait : Ab iussu regis et [principum] * eius, homo et animal quicquam ne gustent, ne pascantur et ne omnino aquam bibant. Sed sacco induantur homo et animal simul et clament ad Deum a toto corde suo, cum-orationibus, forsan parcet nobis Deus et avertet a nobis furorem irae suae, ne pereamus*[1] ». Et sic scriptum est : « *Aspexit Deus et vidit opera eorum, et quod conversi sunt a viis suis malis et paenituit Deum super*
* p. 53 *vehementiam * mandati et transire-fecit ab eis iram furoris sui et non perdidit eos*[2] ». Et non ait : « Respexit Deus et vidit ieiunium a pane et ab aqua et sacco et cinere »; sed ait : « *Vidit Deus quod conversi sunt a viis suis malis et a malitia operum suorum*[3] ». Sic enim fecit clamare nomen Dei rex Ninivitarum et ait quod : « *Convertatur omnis homo a*

6. [1] [...] UV*s*. [2] [...] UV*s*. [3] *Os*. 1, *4*. [4] *4 R*. 9, *26*.
7. [1] *Jon*. 3, *6-9*; *[...] UV*s*. [2] *Jon*. 3, *10*. [3] *Jon*. 3, *10*.

viis suis et rapina quae erit in manibus eius[4]». Et fuit acceptabile ieiunium quod custodiverunt Ninivitae, quando conversi sunt illi a viis malis et rapina manus suae. Et placuit Deo ieiunium puritatis, quod custodiverunt Ninivitae et non assimilatum est ieiunium eorum ieiunio Iezrahel-filiorum, in quo (*litt.* quia ... in eo) sanguis iustus fusus est.

8. Semper, carissime, ieiunium a malis, quando aliquis abstinebit, melius est quam illud ieiunium (eorum) qui a pane et ab aqua ieiunabunt et melius quam (ieiunium) eius *qui humiliat se ipsum et incurvat collum suum sicut collare, et (melius) quam sacco indui et super cinerem sedere*[1], sicut dixit Isaias propheta. In tempore ut ieiunabit homo a pane et ab aqua et ab omnibus cibis et sacco et cinere indutus luctum-habebit, dilecta (res), pulchra et decens est; multo etiam hoc melius est *humiliare hominem se ipsum et solvere vinculum cordis, iniustitiam et libellum iniquitatis abscindere : et deinde in illo tempore orietur * lux eius sicut sol* * p. 54 *et ibunt coram eo iura iustitiae et erit ille quasi paradisus aquatus, frugifer, refertus fructu et sicut [piscinae]* fontium, unde aqua non deficiet*[2]; et non assimilabuntur hypocritis qui humiliati contristant faciem suam ut manifestum faciant ieiunium suum.

9. Ecce et sectatores dissensionum, dolosae machinae mali; ieiunium custodiunt et commemorant peccata sua et dominus mercedis nullus est eis. Quisnam est ille qui det mercedem Marcionis sectae dissensionis, qui non confitetur (*litt.* quia... ille) beneficum Conditorem nostrum? Et vel quis dabit mercedem retributionis ieiunio sectae Valentinianorum, quod multos creatores praedicat ille sibi ipsi et ait quod Deus perfectus numquam enarratus est ore et cogitationes cuiusquam eum non scrutati sunt? Et vel quis dabit retributionem [mercedum filiis tenebrarum][1] Manetis sectae, scilicet sunt Manichaei qui habitantes sedent in tenebris, in similitudine serpentium, basiliscorum et serviunt astrologiae Chaldaeorum, sectae dissensionum Babylonis terrae. Ecce hi omnes ieiunant et non est acceptabile ieiunium eorum.

10. Rursus audi, carissime, et ostendam tibi ieiunium acceptionis, quod ieiunaverunt Mardocheus et Esther; et fuit ieiunium eorum scutum salutis * toti genti populi eorum; et praepediverunt iactationem * p. 55 superbiae Aman, conturbatoris sui; et conversae sunt iniquitates eius in caput eius et conversae sunt in eum cogitationes iniquitatis eius. Et iudiciis quibus voluit iudicare, damnatus est et qua

[4] *Jon.* 3, *8.*

8. [1] *Is.* 58, *5.* [2] *Is.* 58, *6, 8, 10, 11,* *[...] UV*s*.

9. [1] [...] UV*s*.

mensura voluit metiri, mensum est ei et secundum cogitationes eius factum est ei; et in funibus peccatorum suorum ligatus est ille; et gloriatus est, superbivit in magnitudine sua et nihil profuit ei et sapientia eius eum non salvavit. Et quia fraudem-fecit in malo, in eodem captus est et in superbiam iactationis suae cecidit, subversus est et gloria honoris eius ablata est ab eo et pulchritudo aetatis eius corrupta est et virtus gigantearum-virium eius deiecta est, infirmata est; et plagis quibus voluit percutere, in eisdem percussus est et quibus vulneribus voluit vulnerare, vulneratus est, quod voluit ille evertere omnes Iudaeos qui erant sub potestate dominationis Assueri regis. Et factum est ieiunium Mardochaei et Esther sicut clipeus et accepit tela ignita iniqui Aman. Et Aman in iniquitate sua involutus est et gladius eversor intravit in cor eius et arcus eius qui tensus erat ad iniquitatem confractus est, sicut et scriptum est de impiis, quod: *Gladii eorum intrent in corda eorum et arcus eorum confringantur*»[1]. Hoc omne venit
* p. 56 et impletum est super Aman, quando paravit * crucem suspendii Mardochaeo et filiis eius, pependerunt ipse Aman circa eam et filii eius secum. Et in fovea quam effodit, ille cecidit[2]; et in captura[3] quam abscondit, capti sunt pedes eius et laquei eius eidem parati sunt et incidit ille in instrumenta iniquitatis et fuit interitus eius ad saecula temporum.

11. Et cur, carissime, petiit Aman donum a rege ut perirent omnes Iudaei? Nisi [quod][1] vindictam filiorum gentis suae voluit quaerere et delere nomen filiorum Israel, sicut et deleta est et memoria Amalec sub caelis. Et manserat Aman superstes ex Amalecitis, sicut et scriptum est *Aman (fuisse) Amadati-filium Agagaei*[2]. Dum-adhuc in domo regni Assueri regis erat honoratus et gloriosus erat, et Mardochaeus apud portam regiam sedebat quotidie propter Esther alumnam suam, quod venerunt, ceperunt, duxerunt eam et placuit illa Assuero regi magis quam omnes virgines comites eius; et intravit, sedit illa loco Vasthi reginae; et Mardochaeus de-luce-vigilabat quotidie et sedebat in porta regia. Et Aman secundus erat (ab) Assuero rege et honoratus erat ille in toto regno [eius][3], et omnis homo quicumque erat in porta regia, ut videbat Aman, cadebat deorsum, adorabat eum. Prop-
* p. 57 ter illud voluit in hac causa capere * vindictam de filiis populi gentis Mardochaei et (ut) caperet ab eis vindictam Amalecitarum. A genere

10. [1] *Ps.* 36, *15.* [2] *litt.* fovea ... in ea. [3] *litt.* captura.
11. [1] [quod] N*s*. [2] *Est.* 3, *1.* [3] [...] NSTUVWXY*s*.

enim Agag, regis Amalecitarum erat ille (Aman), eius (= Agag) quem Saul adduxit et *laceravit eum Samuel propheta coram Deo*[4]. *Et Mardochaeus cognatus erat Saul, a tribu Beniamin, e filiis Cis*[5]. Quia percussit, occidit Saul Amalecitas in ore gladii sui et voluit Aman vindictam quaerere gentis suae per filios Israel et mortem Agag per Mardochaeum. Et nesciebat effusa mens quod impletum est propter Amalec in diebus, ut deleretur memoria eius sub caelis. Scriptum est [in lege sancta][6] quod: «*Ait Deus ad Moysem: Dic tu ad Iosue (Yišov) filium Nun (ut)-eligat sibi viros bellicosos et ineat pugnam belli contra Amalec*»[7]. Et cecidit, subversus est Amalec in signo crucis, cum-extendit bracchia Moyses. Et ut caesi sunt, perierunt omnes qui dabant pugnam belli, manserunt (aliqui) ex eis superstites in habitatione sua. Tum ait Dominus ad Moysem: «*Scribe tu in librum memoriarum et da (eum) in manum Iosue, filii Nun; delens enim deleo ego memoriam Amalec sub caelo*[8]». Et patientia pepercit ille Amalecitis; at forsan audient quod scriptum est in libris sanctis Dei quod: «*Delens deleo Amalecitas*[9]» et * convertentur ad eum et miserebitur eorum. Si * p. 58 conversi essent ad eum, fuisset eis locus paenitentiae, sicut inventus est locus paenitentiae Ninivitis, ut praedicata est super eos eversio et illi ostenderunt paenitentiam suam et aversus est ab eis furor irae; et sicut data est manus Gabaonitis et non perierunt cum Chananaeis, sicut data est manus Rahab, quod credidit, eodem-modo Amalecitis data esset paenitentia, si credidissent, quod pepercit eis (per) quadringentos annos. Et post hoc totum tempus, ut vidit quod non conversi sunt, dominatum-exercuit contra eos furor irae eius et meminit quodcumque scripsit Moyses in libris sanctis suis. Et in tempore ut firmatus est Saul in dominium regni, ait Deus ad Samuel: «*Recordor ego quodcumque operatus est contra vos Amalec, in tempore ut exivistis vos a terra Aegyptiorum, quod exivit ille obviam vobis gladio belli. Nunc vade, interfice tu in ore gladii iniquum Amalec*[10]». Et profectus est Saul et concidit Amalecitas; et quia fecit Saul misericordiam super Amalec, contemptus est ille a regno suo; reliquit enim ille superstites eorum. Et ipse Aman superstes erat Agag progeniei quam reliquit Saul. Et * Mardochaeus a tribu Saul ordinis qui (*litt.* quia ille) concidit * p. 59 totam domum regni Agag regis.

12. Et aliqui plus culpas congerunt super Mardochaeum et dicunt:

[4] cfr *1 R.* 15, *33*. [5] cfr *Est.* 2, *5*. [6] [...] UV*s*. [7] *Ex.* 17, *9*. [8] *Ex.* 17, *14*.
[9] *Ex.* 17, *14*; cfr *Nu.* 24, *20*. [10] *1 R.* 15, *2*, *3*.

«Quare autem non surgebat ille in conspectu Aman, ut videbat eum quod ecce honoratus et gloriosus erat toti regno. Et quid, aiebat, detrimentum esset ei, si fecisset ei honorem? Et sic dicebant : Si Mardodaeus surrexisset in conspectu Aman, hoc malum Aman non cogitavisset super Mardochaeum et super gentem eius». Hoc ait, qui nescit virtutem verbi. At Mardochaeus sicut vir iustus et legis-cognitor, fecit hoc. Et non surrexit, stetit in conspectu Aman iniqui, quod aspiciebat ille ad Saul cognatum suum et quod fecit ille misericordiam super Agag regem, parentem Aman, contemptus est a regno et venit ira super eum. Et Mardochaeo, si fecisset honorem Aman, ira furoris facta esset super eum, sicut et super Saul.

13. Et quare, carissime, prae omnibus gentibus Amalec exivit obviam Israel ad pugnam belli? Sic cogitavit Amalec ut exiret, percuteret, con-
* p. 60 cideret filios Iacob et impediret benedictiones * Isaac (*Sahak*); veritus timens (erat) ille servitutem filiorum Iacob. Sic dicebat Isaac ad Esau quod : «*Iacob, fratri tuo servies; sin autem conversus fueris, paenituerit te, auferetur iugum eius a collo tuo*»[1]. Propter hoc scito quod Amalec filius-concubinae erat Eliphaz filii Esau; et non accepit oboedire filiis Iacob. Et cur, carissime, dixit Isaac ad Esau : «*Iacob, fratri tuo servies?*[2]» Verbum sic manifestat : quia cepit Esau uxores a filiabus Chanaan, cui[3] exsecrans maledixerat Noe, pater eius. Sic dixit ad eum Noe : «*In servitute stabis fratribus tuis*[4]». Sciebant enim Abraham et Isaac quod exsecrati, maledicti erant Chananaei, non ceperunt uxores a filiabus suis filiis suis. Non Abraham Isaaco cepit ab eis mulierem et non Isaac Iacobo, ne misceretur semen maledictum Chanaan cum semine Sem benedicto a Noe. Propter hoc voluit Amalec, filius Eliphaz, filii-Esau, praepedire maledictiones Noe et benedictiones Isaac et facere pugnam belli contra filios Israel. Et Deus iustitia scripsit de Amalec, ut deleretur memoria eius per filios Rachel. Primum fecit adversus eum pugnam belli Iosue, filius Nun, a tribu Ioseph; et
* p. 61 postea e filiis Beniamin, Saul. * Et reliquias Amalecitarum evertit, perdidit Mardochaeus ieiunio suo. Ex omnibus filiis Esau, Amalec voluit (solus) facere pugnam belli contra filios Iacob, vidisti, et memoria eius quidem deleta est. Et vide, quod ieiunio Mardochaei et Esther subversus est Aman a magnitudine sua et deletae sunt, concisae sunt reliquiae Amalecitarum et accepit Mardochaeus honorem gloriae

13. [1] *Gn.* 27, *40*. [2] *Gn.* 27, *40*. [3] *litt.* quod ... eum. [4] *Gn.* 9, *25*.

Aman et factus est ille dux et princeps in toto regno Assueri regis et Esther facta est regina in loco Vasthi.

14. *Rursus ieiunavit Daniel ieiunium tres hebdomadas dierum*[1] propter populum gentis suae ne fieret eis additio in terra Babyloniorum, magis quam illi septuaginta anni. Et ieiunio viginti et unius dierum auditae sunt preces eius coram Deo; et in eisdem quidem diebus surrexit Gabriel, qui (*litt* quia ille) ipse erat qui accipiebat preces eius quotidie; et veniebant, adveniebant in adiutorium Gabriel et Michael, princeps eorum et steterunt in conspectu principis Persarum viginti et uno dies; et adiuverunt Danielem propter ieiunium suum. Hoc scito, carissime, quod Gabriel est qui offert preces coram Deo. Ut oravit Daniel, venit ad eum Gabriel et confortavit, confirmavit eum et ait : « *Auditae sunt preces tuae coram Deo; et ego veni pro verbis tuis*[2] ». Et confirmavit et ait ad eum : « *Confortare,* * *vir desiderabilis*[3] ». Et in precibus rursus * p. 62 ieiunii sui Gabriel venit ad eum et in precibus Zachariae Gabriel venit ad eum et obtulit preces eius coram Deo, in tempore nuntiationis dandae de nativitate Iohannis. Et ait ad eum : « *Auditae sunt preces tuae coram Deo*[4] ». Et preces Mariae, ille obtulit coram Deo et laeta-nuntiavit ei de nativitate Christi, ait ad eam : « *Ecce tu invenisti gratiam et misericordiam coram Deo*[5] ». Quomodo ergo invenit illa gratiam et misericordiam? nisi ieiuniis et precibus? Ipse enim Gabriel accipiebat preces sanctas et offerebat coram Deo. Et Michael princeps erat filiorum Israel; hic est ille de quo (*litt.* quia) dixit Deus ad Moysem : « *Ecce angelus meus ibit ante faciem tuam et evertet habitatores terrae*[6] ». Et ille ipse est qui apparuit asinae Balaam, *in tempore quod ibat ille maledictum, anathematizatum Israel*[7]; et rursus ille est qui apparuit Iosue filio Nun, in tempore quod sublatum tenebat gladium nudum in manu et stabat ille in campo Iericho civitatis; et Iosue ut vidit eum, [existimavit][8] quod unus ex hostibus suis sit et ait ad eum Iosue : « *A nobis es tu an ab hostibus nostris?*[9] » Ait ad eum Michael : « *Ego dux-exercitus sum virtutum* * *Dei et nunc veni*[10] »; *et ille evertit* * p. 63 *murum Iericho urbis coram Iosue, filio Nun*[11]; *et ille rursus interfecit coram eo triginta et unum reges*[12]; et *ille evertit mille milium exercitus Aethyopum coram Asa rege*[13]; *et ille percussit, evertit e castris Assyriorum homines quasi centum octoginta et quinque milia*[14], in precibus

14. [1] cfr *Dn.* 10, *2, 3.* [2] *Dn.* 10, *12.* [3] *Dn.* 10, *11, 19.* [4] *Lc.* 1, *13.* [5] *Lc.* 1, *30.* [6] *Ex.* 23, *20, 23.* [7] cfr *Nu.* 22, *22* et *ss.* [8] [...] NSTWXY*s.* [9] *Jos.* 5, *13.* [10] *Jos.* 5, *14.* [11] cfr *Jos.* 6, *20.* [12] cfr *Jos.* 12, *7-24.* [13] *2 Ch.* 14, *12.* [14] cfr *4 R.* 19, *35.*

Ezechiae regis, dum auxiliabatur ei et Isaias gloriosus e prophetis. Et ut in-captivitatem-redacti sunt Babylonem filii Israel, et ille ipse Michael cum eis profectus est et pro eis pugnabat.

15. Et quare, carissime, ieiunavit Daniel (per) has tres hebdomadas dierum et petebat a Deo et precabatur et ante hoc tempus non erat scriptum quod ieiunavit? At sic est scriptum in perfectione eversionis Ierusalem *post septuaginta annos*, [*sicut dicebat*]* *Ieremias propheta*[1], preces obtulit coram Deo ne amplius adderentur ad-manendum ibidem plus quam illi septuaginta anni, sicut diminuit a gente illa quae erat in diebus Noe; et sicut addidit filiis Israel in terra Aegyptiorum et sicut imminuit filiis Ephraïm. Et cogitavit Daniel num forte propter
* p. 64 peccatum * populi manerent ibidem plus quam illos septuaginta annos quos dixit Ieremias. Et adiuvabant Gabriel et Michael princeps eorum. Et enim eidem Michael requies erit in eis, in tempore ut ibunt in regionem suam; et (requies erit) Gabriel qui auxiliabatur ei ut multiplicaretur fructus precum eorum in templo sanctitatis et frequentarentur sacrificia quae offerrent quotidie coram Deo. Et princepts regni Persarum nolebat ut separaretur sanctum semen Israel ab idolatria regni Persarum, quod datum erat ei a Deo, quod, quanto diutius (*litt.* quanta tempora) illic erant, iusti erant in eis, eo magis (*litt.* et) ille laetabatur in eis. Et vide quomodo auctum sit electum ieiunium Danielis et converterit captivitatem populi sui in perfectione septuaginta annorum.

16. At nostrorum castrorum dux maior est quam Gabriel et melior quam Michael et fortior quam princeps Persarum; (dux) qui est ipse Vivificator noster Dominus noster Iesus Christus, qui venit et gustavit humanitatem nostram, passus est et tentatus est in carne quam cepit a nobis, quod et potest ille adiuvare illos qui tentatur. Et ieiunavit
* p. 65 ille pro nobis et superavit adversarium nostrum et praeceptum * dedit nobis orare et vigilare in omni tempore ut sanctitate ieiunii puri adveniremus ad requiem.

Perfectum est exemplum ieiunii.

* p. 66

* DE EXEMPLO ORATIONIS. 4[1]

1. Puritas cordis est melior oratio quam omnes orationes quas in voce alta clamoris aliquis faciet; et silentium mixtum in mente mundata

15. [1] cfr *Jr*. 25, *12*; 29, *10*, *[...] U*s*.

Tit. [1] = *դաղիթ*, id est quarta littera ordinis syriaci litterarum.

melius est quam vox alta clamoris si quis clamet. Nunc, carissime, praebe ad me cor tuum et cogitationes tuas et audi tu virtutem orationis purae; et vide quomodo et vel qua-ratione virtute-praediti-fuerint similiter iusti primi oratione sua coram Deo et quomodo fuerit eis illud sacrificium puritatis. Eadem oratione facta sunt acceptabilia sacrificia. Et illa rursus sedavit diluvium et illa multiplicavit progeniem sterilium et illa subvertit castra et illa manifestavit mysteria et illa divisit mare et illa scidit Iordanem et illa impedivit solem et starefecit lunam et illa concidit immundos et descendere-fecit [ignem][1] et clausit caelos et illa evexit a fovea et eripuit ab igne et salvavit a mari. Et virtutes eius multae et maiores sunt, sicut et multa est virtus ieiunii puri; et sicut * proposui et ostendi tibi in sermone qui ante hunc (est), de sermonibus ieiunii, eodem-modo et de oratione nihil me taedet narrare tibi. * p. 67

2. Primum prius sanctitate cordis Abel fuerunt acceptabilia sacrificia eius coram Deo et Caïn reprobata sunt. Quomodo et vel qua-ratione sciemus nos has res, quod accepta sunt sacrificia Abel et reprobata sunt Caïn? Et quomodo dixit Abel quod acceptabilia fuerunt sacrificia sua et Caïn rursus scivit quod reprobata sunt sacrificia sua? Propter hoc, quantum et potero, suadebo et persuadebo tibi. Tu scis, carissime, quod hac(re) videbatur sacrificium an fieret acceptabile coram Deo : ignis descendebat a caelis et comedebat sacrificium. Ut obtulerunt Abel et Caïn sacrificia sua, descendit ignis vivus qui ministrabat coram Deo et comedit sacrificium [purum][1] Abelis et (sacrificium) Caïn, quod non erat purum, non appropinquavit neque accessit. Et inde cognovit Abel quod acceptum est sacrificium eius et Caïn rursus scivit quod reprobata sunt sacrificia sua. Et fructus cordis Caïn testabatur et ostendebat de eo, quod dolo plenus erat in occisione fratris; quodcumque enim conceperunt cogitationes * eius, idem peperunt manus eius. Et puritas cordis Abel fuit eius oratio. * p. 68

3. Et propter hoc, carissime, edocebo te, quod omnia sacrificia acceptabilia fuerunt, ignis descendebat et comedebat ea. Ut obtulit sacrificium Manue, pater Samsonis, ignis descendit, comedit illud; *et in eadem flamma elevatus est angelus qui loquebatur cum eo per caelos*[1]. Et Abraham, ut audivit quod «Filius nascitur tibi», et ait ad

1. [1] [...] RUV*s*.
2. [1] [...] RUV*s*.
3. [1] *Jd.* 13, *20*.

eum : « *Cape tu tibi vitulam triennem et arietem triennem et turturem et columbam*[2] ». Et ut [obtulit illud][3] et dissecuit [faciem-in-faciem et vulnus adversus vulnus, somnus mirus cecidit super eum, (fuit) obscuritas][4] et caligo et *descendebat ignis et transibat per medium portionis membranae-laceratae et comedebat sacrificia Abrahae*[5]. Et sacrificia quae appropinquabant ad tabernaculum temporis, ignis descendebat et comedebat ea[6]. Et filiis Aaron, Nadab et Abiu, ut contempserunt ministerium, descendit ignis secundum consuetudinem suam in hora sacrificii; et non invenit cum-sanctitate sacrificium eorum et non appropinquavit ad eos; ut viderunt quod non comedit ignis sacrificia, tulerunt ignem alienum ut comederet, ne poenas punitionum
* p. 69 acciperent a Moyse : cur non comedit ignis sacrificia. * Et ignis alienus comedit sacrificia; et ignis caelestis descendit et illico evertit eos et glorificatus est in eis Dominus propter contemptum ministerii eius. *Et ut diffisi sunt a Moyse ducenti et quinquaginta viri, ut obtulerunt thuribula cum thure sine iussu, et accepit iussum ignis et exivit a facie Dei et evertit eos*[7]; et purificata sunt thuribula eorum in sibi ipsis. *Et rursus ut aedificavit Salomon templum sanctitatis, et obtulit sacrificia et holocausta; ut oravit, descendit ignis a caelis et comedit adipem holocaustorum, quae stabat super mensam*[8]. *Et rursus Elias ut obtulit sacrificium, ignis descendit et comedit id*[9] et acceptabile fuit sacrificium eius sicut et Abel; (eorum) autem qui colunt idola Baal, eorum sacrificium spretum est, sicut Caïn. Haec (est) tota persuasio quam scripsi tibi de igne, ut firmum fieret verbum, quod ignis comedit sacrificium Abel.

4. Audi tu, carissime, de hac oratione pura quantae virtutes apparuerint in illa. *Ut oravit Abraham, convertit captivos quinque reges*[1]; *et rursus sterilis peperit in oratione eius*[2]; et in virtute orationis suae accepit promissionem quod *in semine suo benedicentur gentes*[3]. *Et Isaac (Sahak)*
* p. 70 *ostendit virtutem * orationis et oravit pro Rebecca (Rapʿkay) et peperit illa*[4]; *et pro Abimelech rege, et prohibita est ab eo ira*[5].

5. *Et pater noster Iacob oravit in Bethel et vidit ille portam caelorum et scalam quae elevabatur ad excelsa*[1]. Haec mysteria Domini nostri sunt, (id) quod vidit Iacob. Porta caelorum (est) ipse Christus, sicut et ipse quidem dixit : « *Ego sum porta vitae; et omnis qui per me*

[2] *Gn*. 15, *9*. [3] [...] RUV*s*. [4] [...] RUV*s* [5] cfr *Gn*. 15, *17*. [6] cfr *Lv*. 9, *24*. [7] cfr *Nu*. 16, *35*. [8] cfr *2 Ch*. 7. *1*. [9] cfr *3 R*. 18, *38*.

4. [1] cfr *Gn*. 13, *18*; 14, *16*. [2] cfr *Gn*. 21, *2*. [3] *Gn*. 22, *18*. [4] cfr *Gn*. 25, *21*. [5] cfr *Gn*. 20, *17*.

5. [1] cfr *Gn*. 28, *12 et ss*.

intrat, vivet in aeternum[2] ». Et rursus David dixit : « *Haec est porta Domini, iusti intrant per hanc*[3] ». Et scala rursus quam vidit Iacob, mysterium Domini nostri est, quo (*litt.* quia... per-eum) ascendunt, elevantur homines iusti ab humilitate ad altitudinem. Et est rursus mysterium [crucis][4] Domini nostri quae erecta est ad similitudinem scalae et Dominus ait, firmatus stabat in capite scalae deorsum. Nam Christus Dominus est totius, sicut apostolus beatus ait : « *Caput Christi, Deus est*[5] ». Et vocavit Iacob nomen loci, domum Dei *et erexit illic statuam lapideam in testimonium*[6] et iecit oleum super eam. Et hoc mysterio praevenit, fecit pater noster Iacob, quod lapides accipiunt unctionem; gentes [enim] quae crediderunt in Christum, * illae unguntur, sicut * p. 71
et dixit de eis Iohannes : « *De lapidibus, ait, potest Deus suscitare filios Abrahae*[7] ». In oratione Iacob prius ostensa est vocatio gentium.

6. Vide hoc, carissime, quanta mysteria abscondita sint in visione quam vidit Iacob. Vidit portam caelorum, quae illa ipsa est Christus; et vidit scalam, mysterium crucis; unxit statuam lapideam typum gentium; *et vovit decimam (partem) (ut)-daretur Levitis*[1]; in eo absconditi stabant, qui dabant decimas (partes) et qui accipiunt fructus primitiarum; *in lumbis eius stabat catulus leonis Iudae*[2]; et in eo absconditus stabat rex Christus, per-quem (*litt.* quia per-eum) ostendit unctionem. Et gentes eius in renibus eorum voverunt Levitis; et [reges qui stabant in lumbis eorum][3] erexerunt cor eius et aspexit ad eum spiritus prophetarum qui a semine eius futuri erant. *Baculum (habens) in manu solum transivit per Iordanem flumen*[4], mysterium mirabile praeveniens habuit in manu sua, signum crucis. Magnus propheta pedes suos cepit, insiluit, *profectus est per terram orientalem*[5], quod ab ea orta est lux gentibus. Et advenit ad puteum cuius (*litt.* qui... super os eius) super os lapis clausus stabat, quem multi non potuerunt subvertere. Numerosi pastores non potuerunt aperire puteum donec venit Iacob, virtute pastoris qui absconditus stabat in lumbis* eius, abstulit lapidem et * p. 72
bibere-fecit oves. Et prophetae multi venerunt et non potuerunt manifestare baptismum lavacri donec venit magnus propheta et solus separatim aperuit illud et baptizatus est in eo et clamabat in suaviloquenti voce sua et dicebat : « *Omnis qui sitiens erit, veniat ad me et bibat*[6] ». Et oravit seorsum in regressu suo, ut-eriperetur a Laban et eriperetur a

[2] *Jn.* 10,*9.* [3] *Ps.* 117,*20.* [4] [...] RUV*s.* [5] *1 Co.* 11, *3.* [6] cfr *Gn.* 28, *18, 19.* [7] *Mt.* 3, *9.*

6. [1] cfr *Gn.* 28, *22*; *He.* 7, *8-10.* [2] cfr *Gn.* 49, *9.* [3] [...] R*s.* [4] *Gn.* 32, *10.* [5] cfr *Gn.* 29, *1.* [6] *Jn.* 7, *37.*

manibus Esau, fratris sui; et sic oravit, confitebatur et dicebat : « *Baculum (habens) in manu tantum solus transivi ego per hoc Iordanem flumen et nunc ecce factus sum ego Dominus duorum castrorum*[7] ». O Mysterium mirabile Salvatoris nostri! Ut venit Dominus noster primum, *floruit virga e radice Iesse*[8], similis baculo Iacob. Et ut revertitur ad Patrem suum in secundo adventu suo, vadit ad eum cum-duobus castris: [unum[9] novi populi et alterum a gentibus, similiter Iacob qui rediit ad Isaac, patrem suum cum-duobus castris. Reversus est Iacob ipse et filii undecim erant; et veniunt Domino nostro discipuli undecim, quod non erat cum eis Iudas. Deinde postea natus est Beniamin et fuerunt Iacob filii duodecim; deinde postea electus est Matthias et fuerunt discipuli duodecim Salvatori nostro. Haec opera sunt orationis Iacob.

* p. 73 **7.** Quid amplius dicam de virtute orationis Moysis, quod non est * ei mensura. *Oratione sua ereptus est ille a manibus Pharaonis et ille ostendit ei requiem Dec sui*[1]. Et oratione sua divisit mare et dulcem-fecit aquam amaritudinis et descendere-fecit manna et protulit coturnicem et scidit petram et profectae sunt aquae. Et superavit Amalec et confortavit Iosue et conturbavit Sehon et Og in proelio et descendere-fecit impios in infernos et avertit iram furoris Dei a populo suo. Et confregit vitulum iniquitatis et descendere-fecit tabulas testamenti de monte et exaltavit vultum faciei suae; maiores sunt preces eius quam Iacob narratu. Et Iosue, filius Nun, oratione auctus est coram Deo. Et oratione sua divisit Iordanem et evertit muros Iericho urbis et conturbavit Achan (*Akʿayab*) et continuit solem et stare-fecit lunam et concidit reges et oboedire-fecit terram et haeredem-fecit filiis Israel.

8. Veniamus ergo ad orationem silentii, *orationem quam fecit Anna, mater Samuelis*[1]; placuit coram Deo et aperuit sterilitatem uteri eius et natus est ille votum-ferens, sacerdos. Et Samuel oravit coram Deo, in tempore ut ostendit ille signum filiis Israel et ut ostendit eis peccata eorum ut peterent sibi regem. *Et protulit Samuel holocausta super mensam*[2]. *Et rursus David oravit coram Deo et ereptus est a manibus Saul*[3]. Et ut numeravit exercitus, oravit et avertit ab eis iram furoris, et *ut incepit concidere eos mortem-ferens angelus*[4]; oravit Asa rex et virtutem magnam ostendit oratio eius, in tempore ut *fuerunt numerosi*

[7] *Gn.* 32, *10.* [8] cfr *Is.* 11, *1.* [9] Sequens locus unice in Mss RUV invenitur, usque ad verba *auditoribus eius* : § 11, p. 40, l. 32.

7. [1] cfr *Ex.* 3, *2 et ss.*

8. [1] cfr *1R.* 1, *13.* [2] cfr *1R.* 12, *17, 18.* [3] cfr *1R.* 19, *18* et *ss.* [4] cfr *2 R.* 24, *25.*

adversus eum Zara Aethiopum rex et mille milium exercitus cum eo[5]; in illo tempore oravit Asa rex et ait: « *In eo manifesta fiet virtus tua, Domine, quando tradis * tu exercitus multos ad paucas manus exercituum et minorum*[6] ». Et audivit orationem eius et misit angelum suum et conturbavit eos. Et superati sunt multi a virtute orationis eius. *Et Iosaphat, filius eius, oratione sua exercitus hostium suorum concidit*[7]. Et rursus Ezechias oravit et centum octoginta et quinque milia interfecit oratio eius per angelum qui dux (erat) exercituum. Immo Ionas oravit coram Deo in profundo abyssi maris et audivit eum Deus et ereptus est sine corruptione. Scidit oratio eius abyssum et superavit fluctus et fidit nubes et volavit per aerem et aperuit caelos et intravit coram throno divinitatis per Gabrielem qui offerebat preces coram Deo; produxit abyssus virum prophetam et expuit piscis Ionam ad littus. Rursus Ananiae, Azariae et Misael oratio eorum superavit flammam et exstinxit ignem excandescentem et naturam comburentis flammae; et furorem regis pacavit et viros iustos liberavit. * p. 74

9. Rursus Daniel oravit; oratio eius ora leonum praeclusit; bestiae rorem-comedentes complectebantur bracchiis suis et osculabantur pedes eius, ut surgebat Daniel oratum in fovea, extendebant bracchia sua per caelos et illi similiter ei; et venit, descendit ad eos (is) qui accipiebat orationem, conclusit ora leonum. Et ait Daniel ad Darium regem: « *Deus meus misit angelum suum et conclusit ora leonum et non perdidit me*[1] ». In foveam occultatam et sigillatam et lux orta est intus; laeti fiebant leones propter Danielem et illi lumen viderunt. Ut dormiebat Daniel et volebat in somno esse, inclinabant se [ipsos] ut super eos dormiret et non super terram. Lux maior erat in fovea quam in cenaculo eius cui fenestrae multae sunt et multiplicavit illic preces plus quam in cenaculo suo, quod ter in die orabat. Et Daniel iustificatus est in fovea et ceciderunt accusatores eius pro eo; et aperta sunt ora * leonum et illico cadaver per-cadaver laceraverunt eos et omnia ossa eorum fregerunt. *Et oratio eius convertit captivitatem a terra Babylonis, in perfectione septuaginta annorum*[2]. Et singuli a Patribus nostris iustis in tempore afflictionis periculi sui arma orationis capiebant in se ipsis et ea eripiebantur a tribulationibus. * p. 75

10. Rursus docuit Salvator noster orare et ait: « *Orate in occulto occultatum, qui omnia videt*[1] ». Ait: « *Intra in cubiculum tuum et ora coram*

[5] cfr *2 Ch.* 14, *9*. [6] *2 Ch.* 14, *11*. [7] cfr *2 Ch.* 20, *3* et *ss*.
9. [1] *Dn.* 6, *22*. [2] cfr *Dn.* 9, *23* et *ss*.
10. [1] *Mt.* 6, *6*.

Patre tuo in occulto porta clausa[2] ». Propter hoc, [sicut] hoc intellexi, ostendam tibi. Ait : « *Ora ad Patrem tuum porta clausa* »[2] Hoc sic manifestant verba Domini nostri : « *Ora, ait, in occulto*[2], (nempe) in corde tuo » ; et « *Claude portam cordis tui* »[2]. Et quid est porta? Nisi os tuum, quod illud ipsum est templum Domini in quo habitat Christus, sicut apostolus ait : « *Templum estis vos Dei*[3] », qui (*litt.* quia) intrabit in hominem tuum interiorem, (nempe) ad hoc templum et purgabit illud ab omni immunditia porta clausa quae illa ipsa est os tuum. Sin non erit sic, quomodo auditur verbum hoc? Si contingat aliquid tibi et in deserto es et non est usquam porta neque domus, numquid non orabis in occulto? Et si contingat tibi, rursus in capite montium es, numquid non orabis? Et hoc (est) quod ostendit nobis Salvator noster ut manifestaret quod scit quodcumque stat in corde et in cogitationibus hominum, sicut scripsit Dominus noster, quod : « *Pater vester scit antequam petatis vos, quodcumque necessarium erit vobis*[4] ». Et Isaias ait : « *Antequam invocent ad me electi mei, audiam eos*[5] ». Rursus Isaias de iniquis ait : « *Etiamsi multiplicaveritis ad me preces vestras, non tamen audiam vos*[6] ». Et rursus ait : « *Clamabunt ad aures meas in voce alta et non audiam eos*[7] ». Hoc dixit de oratione doli, quae (*litt.* quia) non est acceptabilis. Hoc verbum discernens esto ad-audiendum, ut et virtutem eius intelligas tu.

11. Ait : « *Ubi duo vel tres congregati sunt in nomine meo, illic sum ego*
* p. 76 *in * medio eorum*[1] ». Quomodo auditur tibi verbum hoc, o carissime? Dixit enim Vivificator noster : « *In loco ubi duo vel tres congregati sunt in nomine meo, illic sum ego in medio eorum*[2] ». Sin autem tu solus es, non est tecum Christus? Ecce enim scriptum est *de credentibus in Christum quod in eis habitat Christus*[3] ; et in hoc ostendit : donec erunt [duo vel tres, Christus cum eis est][4]. Et ego ostendam tibi quod est locus pro duobus et tribus, et magis quam mille congregati sunt Christo et Christus non est cum eis; et est homo qui solus est et Christus cum eo est. Et hoc quod dixit Dominus noster, bonum est et decens auditoribus eius[5]]. Rursus ait Dominus noster : « *In loco ubi duo [vel] tres congregati erunt in nomine meo, illic sum et ego in medio eorum*[6] ». Et quando collegerit homo se ipsum in nomine Christi,

[2] *Mt.* 6, *6.* [3] *1 Co.* 3, *16.* [4] *Mt.* 6, *8.* [5] *Is.* 65, *24.* [6] *Is.* 1, *15.* [7] *Ez.* 8, *18.*

11. [1] *Mt.* 18, *20.* [2] *Mt.* 18, *20.* [3] cfr *Jn.* 3, *24*; 4, *15*; 6, *57.* [4] Haec verba adsunt in syriaco exemplari. [5] hic est finis in Mss RUV solum praesentis loci (cfr IV, §6, n. 9). [6] *Mt.* 18, *20.*

ecce Christus habitat in eo; et Deus habitat in Christo; dehinc fit ipse homo unus a tribus: anima eius et Christus qui habitat in ea et Deus qui in Christo habitat, sicut et ipse Dominus noster ait: «*Ego in Patre meo sum et Pater meus in me est*[7]; *et ego et Pater meus unum sumus*[8]». Rursus ait: «*Vos in me estis et ego in vobis sum*[9]». Et rursus ait [propheta][10]: «*Habitabo in eis et ibo ad eos*[11]». In hac mente potes tu audire verbum quod dixit Vivificator noster.

12. Et ego ostendam tibi, carissime, quod in tempore in quo orabant singuli a Patribus nostris iustis, Deus in eis erat. Ut oravit Moyses in monte solus, seorsum * erat ille, [et Deus cum eo erat; et non quod solus erat seorsum][1], non fuit auditus, sed multo magis exaudita est oratio Moysis et pacavit furorem irae Dei sui. Et Elias in monte Carmelo solus sorsum erat et oratio eius virtutes mirabiles ostendit; in oratione eius clausi sunt caeli et eadem rursus oratione soluta sunt vincula eorum. Et oratio eius a manibus mortis rapuit eum et ab infernis eripuit eum; et oratio eius eradicavit immunditiam a medio Israel et oratio eius ignem descendere-fecit a caelis ter: semel super mensam et bis super principes; et fecit ei ultionem, ut descendit ignis in oratione eius. Flexit genu et oravit et exauditus fuit subito; et quadringenti qui clamabant et exclamabant in voce alta clamoris, et non fuerunt exauditi, quod in nomine idolorum Baalis clamabant; et Elias solus erat et magis fuit exauditus; et Ionas ut oravit ab infernis interioribus, audivit eum; quamvis solus erat, subito tamen audivit eum. Et Elisaeus (*Elišay*) oravit et convertit (mortuum) ab infernis et ereptus est a manu malorum qui [circumveniebant eum][2]. Non visione solus erat ille, sed exercitus multi circumdantes erant eum. Ait ad discipulum suum: «*Plures sunt nobiscum quam cum illis*[3]». Quamvis soli erant, non tamen soli erant. * Hac (re) qua persuasi tibi, potes audire verbum Domini nostri qui ait: «*In loco ubi duo* [*vel*] *tres congregati erunt in nomine meo, illic sum et ego in medio eorum*[4]».

* p. 77

* p. 78

13. Sicut et supra persuasi tibi, quotiescumque orabis tu, praebe cor tuum sursum et oculos tuos deorsum et intra tu intus in hominem tuum interiorem et ora in occulto ad Patrem tuum qui in caelis est. Et (est) hoc omne quod scripsi ego tibi de verbis orationis: quando pura erit, acceptabilis fit et quando non erit pura, non fit acceptabilis, quod

[7] *Jn.* 14, *10*, *11*. [8] *Jn.* 10, *30*. [9] *Jn.* 14, *20*. [10] [...] RUV*s*. [11] *Lv.* 26, *12*; *2 Co.* 6, *16*; cfr *Ez.* 43, *9*.

12. [1] [...] RUV*s*. [2] [...] RUV*s*. [3] *4 R.* 6, *16*. [4] *Mt.* 18, *20*.

sunt nonnulli in medio nostrum qui multiplicant preces et protrahunt [gemitus][1] et incurvant se ipsos et extendunt manus suas et opera precum longe stant ab eis; orant, orationem [perficiunt][2] Domini nostri, quam docuit : « *Dimitte nobis peccata nostra ut et nos dimittamus nostris debitoribus*[3] ». O (tu qui) oras, memento quod sacrificium offers tu coram Deo; numquid erubescet ille qui offert orationem inquinato sacrificio. Tu oras ut dimittatur tibi et confiteris quod : « Ego dimitto »; cogita in mente tua primum, an dimittas tu. Et ne * p. 79 mendax inventus sis * tu coram Deo neu dixeris quod : « Dimitto », et non dimittas. *Non homo quidam sicut tu est Deus, ut mentiaris ei*[4]. Si homo (adversus) socium peccet, a Domino petet propitiationem; sin autem (adversus) Deum aliquis peccet, a quo petet propitiationem? Ne condemnaveris te ipsum oratione tua. Audi tu rursus verbum Domini nostri, quod ait : « *Quando offeres tu oblationem et illic recordaberis quod adversus fratrem tuum simultatem aliquam habebis, relinque oblationem ante altare, vade, reconciliare cum fratre tuo et tunc veni, offer oblationem tuam*[5], ne, quando orabis, et recorderis quod simultatem aliquam habes. Hoc scito tu in mente tua quod oratio tua relicta, deiecta est ante altare et non vult ille qui offert orationem, accipere, elevare a terra; examinat enim oblationem tuam ex immunditia; si sancta est, profert, offert coram Deo; sin autem invenerit ille in oratione tua, quod dicas : « Dimitte mihi et dimitto et ego », sic fit responsum ei qui orabat, de illo qui orationem elevat : Primum dimitte tu debitori tuo et deinde elevo ego orationem tuam ad dominum debiti * p. 80 tui. Dimitte tu centum denarios secundum paupertatem * tuam et dominus debiti tui dimittit tibi decem milia talenta secundum suam magnitudinem et non numerat tecum usuras et mercedes foenorum. Si vis tu et dimittis, tunc accipit ille oblationem tuam et profert, elevat secum. Sin autem tu non dimiseris, sic dicet ad te : « Ego oblationem inquinatam, pollutam coram thronis sanctitatum non offero, sed ecce illuc venturus es tu ad-reddendam rationem debiti tui et oblationem tuam tecum feres »; et relinquit oblationem tuam et ipse abit. Audi tu prophetam; quid ait : « *Maledictus erit ille, qui habebit in pecore gregis suae arietem tenerum, pinguem et pulchrum et vovebit et offeret Domino infirmum*[6] ». Ait : « *Eia age offer tu illum principi tuo, si accipit plane a manibus tuis, aut personas-accipiet aliquid tibi*[7] ».

13. [1] [...] RUV*s*. [2] [...] RUV*s*. [3] *Mt*. 6, *12*. [4] cfr *Nu*. 23, *19*. [5] *Mt*. 5, *23*, *24*. [6] *Ml*. 1, *14*. [7] *Ml*. 1, *8*.

Decet ergo te dimittere debitori tuo ante orationem tuam et deinde orare. Et ut orabis, ascendet oratio tua sursum coram [deitate][8], et non relicta deicitur ibidem in terra.

14. Ait apud prophetam : « *Haec est requies mea; requiescere-facite afflictos*[1] ». Fac tu ergo requiem Deo, o homo, et non fis tu indigens a remissione propitiationis. Requiescere-fac miseros et ciba * pauperes et visita aegros; et haec est oratio. Et persuadebo tibi de hac (re), carissime : quotiescumque facit homo requiem Deo, illa est oratio. Scriptum est sic : ut fornicatus est Zamri cum muliere Madianita, vidit eum Phinees filius-Eleazar et intravit ille in cubiculum eorum et percussit et ibidem interfecit ambos; et mors eorum (vice) orationis imputata est ei. David sic ait de illis : « *Surrexit Phinees, oravit et reputatum est ei ad iustitiam a generatione ad generationem usque ad aeternum*[2] ». Et vulnerati quos vulneravit pro Deo suo, (pro) oratione imputatum est ei. Et vide tu, carissime, forte si accidant tibi res aliquae quae reficiunt voluntatem Dei et dicas : primo orabo, quod orationis hora est; et [faciam illud][3]. Et dum-adhuc tu voles perficere orationem tuam, elabentur a te [res requiei][4] et laedetur homo qui foris portam tuam assidue quaeret aliquid, reus invenieris in oratione; [fac][5] requiem Dei, quod illa quidem est oratio.

* p. 81

15. Audi tu verbum quod dixit apostolus : « *Si nosmetipsos * iudicaremus, nos non condemnaremur*[1] ». Da iudicium ad temetipsum huic, quodcumque ego tibi dico. Si accidat tibi ire ad longinquam viam et occurrat tibi sitis in aestiva-hora et ad unum e fratribus advenias et dicas tu ad eum : « Refice me a concupiscentia ardoris sitis » et dicat ille ad te : « Hora adhuc orationis est; relinque primum, orabo; et deinde veniam ad te », et quando ille oraverit et venerit ad te, tu e siti moriaris, quae res vident tibi quod meliores sunt : ire oratum an reficere desiderium tui ipsius? Et si rursus eas tu in viam in temporibus hiemis et fiat super te imber et nix et in medio periculi afflictionis frigoris stes et rursus in hora orationis advenias tu ad fratrem tuum dilectum et quando eadem verba responderit tibi, et tu a frigore moriaris, quae utilitas est orationis eius, quod afflictum, miserum et aegrotantem non refecit. Dominus noster, ut ostendit figuram temporis, tribunal iudicii ut-separavit, constituit eos a dextera et a sinistra sua, sic dixit

* p. 82

[8] [...] RUV*s*.

14. [1] *Is.* 28, *12.* [2] *Ps.* 105, *30, 31.* [3] [...] RUV*s*. [4] [...] RUV*s*. [5] [...] verbum in omnibus Mss absens, sed praesens in syriaco.

15. [1] *1 Co.* 11, *31.*

ad eos qui a dextera erant : « *Esuriebam et cibavistis me, sitiebam* * p. 83 *et * potavistis mihi; alienus eram et collegistis me*[2] ». Eodem-modo ait et (eis qui) a sinistra erant; quod non fecerunt hoc, iverunt ad supplicia; et qui a dextera erant, iverunt ad regnum.

16. Pulchra est oratio, si opera eius bona erunt. Oratio acceptabilis est, si requies erit in ea; exauditur oratio, si remissiones inveniuntur in ea; dilecta est oratio, si pura est a dolo; potens est oratio si virtutes Dei inveniuntur in ea. Et hoc (est) quod scripsi tibi, carissime : si quis voluntatem Dei faciet, et illa est oratio, sic existimo quod bonum est; sed non in eadem (re) dixi tibi hoc, ut pigrescas, impediaris tu ab oratione; sed magis etiam prompto-animo-esto tu ad orationem et ne taedeat te (orare), sicut Dominus noster dixit : « *Orate sine-taedio*[1] »; et in vigilantia promptus esto et remove a te somnum et pondus et vigila tu nocte ac die et noli pigrescere tu.

* p. 84 **17.** * Et ego ostendam tibi tempora orationis. *Sunt postulationes et benedictiones et gratiarum-actiones*[1]. Postulationes haec sunt, quod petet aliquis misericordiam miserationis peccatis suis; et gratiarum-actiones, quod gratias-aget Patri caelesti; et benedictiones, quod benedices ei pro omnibus operibus suis. In temporibus periculi afflictionis tuae, offer tu orationem postulationum; et in tempore ut cibaris a bonitate eius, cum-confessione gratiam-age tu ei qui dedit tibi; et in tempore ut plena est gaudio exultationis mens tua, da tu gloriam benedictionis. Et omnes orationes tuae discriminatim fiunt coram Deo. Et vide tu quod et David per diversa tempora sic orabat et dicebat : « *Surgam et confitebor ad te de iudiciis et iustitia tua*[2] ». Et in alio psalmo ait : « *Benedicite Domino a caelis et benedicite ei in excelsis*[3] ». Et rursum ait : « *Benedicam Domino in omni tempore; in omni tempore benedictio eius in ore meo*[4] ». Et non solum una forma orabat, sed separando.

18. At ego, carissime, sic firmor quod quidquid (*litt.* omne aliquid quod) petent homines ex toto corde, dat eis Deus; qui autem cum-contemptu offert, non placet ei, sicut et scriptum est : « *Hoc igitur necesse* * p. 85 *est oranti et qui offert orationem, * ut mundet oblationem suam bene ne inveniatur in ea macula, et deinde offerat eam; forsan manebit oblatio tua ibidem in terra*[1] ». Quid autem est oblatio? Nisi oratio, sicut supra

[2] *Mt.* 25, *35*, *36*.
16. [1] *Lc.* 18, *1*.
17. [1] *1 Tm.* 2, *1*. [2] *Ps.* 118, *62*. [3] *Ps.* 148, *1*. [4] *Ps.* 33, *2*.
18. [1] cfr *Mt.* 5, *23*, *24*.

quidem scripsi tibi. David ait : «*Offer Deo oblationem benedictionis et perfice Altissimo* [*vota tua*]* »[2]. Quam [enim] omnes oblationes melior erit oratio pura. Promptus-esto igitur, carissime, ad orationem quae (*litt.* quia illa) loquitur ad Deum pro te, sicut et scripsit Isaias propheta, in tempore ut ostendit ille filiis Israel peccata eorum et vocavit eos principes Sodomorum pro filiis quos genuit et nutrivit; et illi mutaverunt honorem gloriae suae in scandalum. Supra ait de eis Isaias propheta : «*Filios genui et nutrivi*[3] ». Et infra ait : «*Principes Sodomorum et populi Gomorrhaeorum*[4] ». Ut non voluerunt audire vocem Prophetae, ait de eis : «*Terra vestra deserta et* [*civitates vestrae inflammatae*]*[5] »; et vocavit eos Principes Sodomorum et populus Gomorrhaeorum; deinde ceperunt, tulerunt oblationes suas ut propitiaret eas. Et non fuerunt acceptabiles oblationes eorum, quod multiplicatae sunt iniquitates eorum, sicut in domo Heli sacerdotis; ait in Scriptura : «*Nec amplius expiabuntur iniquitates domus Heli sacrificiis et oblationibus*[6] ». Et filiis Israel, ut haec verba exierunt, ait ad eos Isaias : «*Quid refert mea ac vestra,* * *et multiplicare ad me sacrificia* * p. 86 *vestra? ait Dominus : satiatus sum nunc, satis est mihi; holocausta arietum et adipem agnorum et sanguinem vitulorum et hircorum vestrorum nolo videre et omnino praesentari vos nolo. Iugiter quisnam quaesivit istud a manibus vestris*[7] » Dicunt ad eum : « Et quare vere non quaeres et cur non accipiuntur oblationes nostrae?». Ait ad eos propheta : «*Quod manus vestrae plenae sunt sanguine*[8] ». Dicunt ad eum : «Quod autem remedium est nobis?» Ait ad eos : «*Lavamini, mundamini; abicite malum a vobis ipsis ante oculos meos; quiescite a malo vestro, discite bonum operari; quaerite iudicium, salvate destitutum, iudicium ferte orphano et date iudicium viduae*[9] ». Et dicunt ad prophetam : «Dum facimus hoc omne, quid fiet nobis?» Ait ad eos : «*Sic ait Dominus : quando feceritis hoc, venite, praesentamini alii cum aliis ad-loquendum*[10] ». Quomodo autem loquentur homines cum Deo? [nisi oratione pura in qua non erit macula (*litt.* quia ... in ea) quaequam; et in qua macula aliqua invenitur, non loquitur cum Deo][11], sicut et ait in eodem verbo : «*Etiamsi multiplicaveritis ad-offerendam orationem vestram, non audiam vos, quod manus vestrae plenae sunt sanguine*[12] »; et quando lauti eritis, et loquemur alii cum aliis : «*Si*

[2] *Ps.* 49, *14*, [...] RV*s*. [3] *Is.* 1, *2*. [4] *Is.* 1, *10*. [5] *Is.* 1, *7*; *[...] RUV*s*.
[6] *1 R.* 3, *14*. [7] *Is.* 1, *11*, *12*. [8] *Is.* 1, *15*. [9] *Is.* 1, *18*. [10] *Is.* 1, *16*, *17*.
[11] [...] RUV*s*. [12] *Is.* 1, *15*.

erunt peccata vestra sicut fuligo, [*sicut nivem alba (ea) faciam; sin autem erunt*]* *sicut coccum rubra*, [*sicut lanam pura (ea) faciam*]** [*et**** *si desideraveritis et audiveritis me, bonitates terrae comedetis. Sin autem nolitis audire me, gladius comedet vos; os enim Domini locutus est*»[13].

* p. 87 **19** * O Mysterium laudandum quod praevidit Isaias. Ait ad eos: «*Manus vestrae plenae sunt sanguine*[1]». Qui sanguis est hic quem praesumpsit et vidit Isaias? Nisi sanguis Christi quem ceperunt super se (ipsos) et super filios suos et sanguis prophetarum quos conciderunt. Eodem-modo sanguis rubuit in eis quasi fuligo et quasi coccum rubra tinctura in eis[2]], et non mundabuntur, nisi lauti erunt in aquis lavacri baptismi et accipient corpus et sanguinem Christi. Sanguis sanguine expiatur et corpus corpore mundatur et peccata aqua lavantur et cum maiestate oratio loquitur. Et vide, carissime, quod reprobata sunt sacrificia et oblationes et pro eis oratio electa est. Itaque [dilige][3] tu orationem puram et labora tu postulationibus; et in initio omnium precum tuarum, orationem Domini nostri ora tu; et promptus-esto tu ad hoc quodcumque scripsi ego tibi et quotiescumque orabis, memento dilecti tui[4].

Perfectum est exemplar orationis.

* p. 88

* EXEMPLUM BELLI. 5[1]

1. Haec sollicitudines cogitationis incidunt mihi in hoc tempore de turbato motu qui paratus est ut-fiat per haec tempora et exercitibus qui numerosi sunt ad eversionem; tempora prius praesumpta posita sunt a Deo; tempora aedificationis et pacis in diebus bonorum et iustorum perficiuntur; et tempora mali multa sunt in eis, in diebus malorum et iniquorum perficiuntur. Scriptum est sic: «[*Bonum paratum est ut-fiat*]* *et beatus erit per cuius manus veniet; et malum paratum est ut-fiat; at vae erit (illi) per cuius manus veniet illud*[1]». Venit bonum super populum Dei et beatitudo apud eum mansit, per cuius manus venit; exsurrexit malitia super [congregatos][2] exercitus per manum mali, superbi et arrogantis; et calamitas apud eum mansit ibidem,

[13] *Is*. 1, *18-20*. *[...] RUVs; **[...] RUVs; ***Locus in Mss RUV unice inventus.
19. [1] *Is*. 1, *15*. [2] Hic est finis in Mss RUV unice inventi. [3] [...] RUV*s*.
[4] Verba sequentia Mss F et aliorum in exemplari syriaco absunt.

Tit. [1] = *ա̃ հեա* (vide littera quinta syr. *hē*).
1. [1] cfr *Mt*. 18, *7*, *[...] V*s*. [2] [...] V*s*.

per cuius manum malitia exsurgit. Ne criminatus sis, carissime, malum qui (*litt.* quia) [malum inicit][3] multis; nam tempora praeveniens posuit et venit, advenit finis consummationis eorum.

2. * Quod ergo [tempora][1] malitiae [sunt], mysterio audi tu hoc * p. 89 quodcumque (*litt. aliquid quod*) ego tibi scribam. Scriptum est sic: «*Quodcumque superbum erit in medio hominum, coram Deo turpe est*[2]». Et rursus scriptum est: «*Omnis* (*litt.* + aliquis) *qui* [*se-exaltaverit, humiliabitur; et qui se humiliabit, exaltabitur*]*[3]». Et Ieremias propheta ait: «*Ne glorietur potens in virtute sua neu magnus in magnitudine sua*[4]». Et apostolus beatus ait: «*Qui gloriabitur, in Domino glorietur*[5]». Et David ait: «*Vidi impium elevatum, exaltatum, sicut cedros Libani; transivi et non erat usquam; quaesivi et non inveni eum*[6]».

3. Omnis qui superbivit, humiliatus est ille. Superbivit Caïn contra Abel et occidit eum; et [maledictus est][1] et *factus est tremens et vagus in terra*[2]. Et superbiverunt Sodomitae contra Lot et cecidit super eos ignis e caelis et eversa est civitas super eos. Superbivit Esau contra Iacob et persecutus est eum; Iacob accepit benedictiones eius et iura-primogeniti. Superbiverunt filii Iacob contra Ioseph; et ceciderunt deorsum, adoraverunt eum in terra Aegyptiorum. Superbivit Pharao contra Moysem et super populum eius [et submersus est][3] in mare cum exercitibus [suis][4]. Superbiverunt Dathan et Abiron contra Moysem et descenderunt vivi ad infernos. Superbivit Goliath contra David et cecidit, eversus est coram eo. Et persecutus est Saul David et cecidit in gladio Philistaeorum. Et superbivit * contra eum Absalon et occidit eum * p. 90 Ioab in bello. Superbivit Benhadad contra Achab et traditus est ille in manus Israel. Et blasphemavit Sennacherib Ezechiam et Deum et facti sunt exercitus eius cadavera [sauciorum][5], in tempore ut exivit unus e vigilibus et cecidit ex castris Assyriorum circiter centum octoginta et quinque milia. Superbivit Achab contra Michaeam et ascendit, [cecidit in Ramoth Galaad][6]. Et superbivit Iezabel contra Eliam et comederunt eam canes in haereditate Iezraelis. Superbivit Aman contra Mardochaeum et conversae sunt iniquitates eius in caput eius. Superbiverunt Babylonii contra Danielem et iecerunt eum in foveam leonum; Daniel exivit illinc iustificatus et illi ceciderunt pro eo. Rursus super-

[3] [...] UV*s*.

2. [1] [...] UV*s*. [2] *Pr.* 16, *5*. [3] *Lc.* 14, *11*; *[...] UV*s*. [4] *Jr.* 9, *23*. [5] *2 Co.* 10, *17*. [6] *Ps.* 36, *35-36*.

3. [1] [...] UV*s*. [2] *Gn.* 4, *14*. [3] [...] UV*s*. [4] [...] E*s*. [5] [...] UV*s*. [6] [...] UV*s*.

biverunt Babylonii et facti sunt maledicentes de Anania et fratribus eius et illi ceciderunt in fornacem ignis; illi exiverunt iustificati et flamma ignis comedit calumniatores eorum.

4. Ait Nabuchodonosor : « *Ascendam ego sursum in caelos et super nubes ponam thronum meum; et habitabo in montibus excelsis in partibus Aquilonis*[1] ». Ait de eo Isaias : « *Quod superbivit cor tuum, ad infernos ergo descendes et omnes qui videbunt te, mirabuntur de te*[2] ». Et Sennacherib sic dicebat : « *Ascendam ad montes excelsos et intrabo in partes Libani; ego ipse proferam puteum et bibam aquam et in ungulis equorum meorum arefaciam profunda fluminum* »[3]. Et quod ita superbivit, ait de
* p. 91 eo rursus ipse Isaias : * « *Numquid poterit aliqua-re exaltari securis sine eo-qui-secat-lignum? aut exaltabitur tignum-secans serra sine protendente? aut extollitur virga sine aliquo extollente*[4]? Tu, ait, quis es Sennacherib? sicut securis es tu in manu secantis-lignum et sicut serra in manu trahentis et virga in manu eius qui extollit eam ad admonitionem; et baculus es tu plagis, *qui missus es super iniquum populum ut captares captivum et caperes praedam et fecisti tu omnes gentes sicut lutum platearum*[5] ». Ut hoc omne fecisti, cur exaltatus es tu contra eum qui in manu tenet te et superbivisti contra eum qui abscindit per-te et exaltatus es contra eum qui dissecat per-te et exprobrasti tu civitati sanctae eius et dixisti tu ad habitatores Ierusalem : « *Numquid potest Deus vester salvare vos a manibus meis*[6]? ». Et ausus es et dixisti quod : « *Quis est Dominus Deus qui salvat te a manibus meis*[7] ». Propter hoc audi tu verba Domini qui ait : « *Evertam Assyrium in terra mea et super montes meos conculcabo* [*eum*]* »[8]. Et ut evertitur et conculcatur, *contemnit, spernit te filia Sion, caput movet contra te filia Ierusalem et ait : « Nunc eia interroga, cui exprobraveris aut quem irritaveris? aut contra quem extuleris clamorem tuum? et* [*extulisti*]* *ad excelsos oculos tuos ad sanctum Israel; per*
* p. 92 *angelos enim tuos exprobravisti tu Domino Deo* * *tuo. Sed vide, quomodo faciam? Imponam habenam ad narem tuam, transire-faciam frenum per maxillas tuas et reverti-faciam te fracto corde, eo quod venisti tu elato corde*[9] ». Et mors eius a manibus amicorum eius facta est; *et in domo refugii sui ibidem eversus est et prostratus volutabatur coram idolis suis*[10]. Immo decebat quidem, carissime mi, offerri hanc oblationem

4. [1] *Is.* 14, *13.* [2] *Is.* 14, *15, 16.* [3] *4 R.* 19, *23, 24*; cfr *Is.* 37, *24-25.* [4] *Is.* 10, *15.* [5] cfr *Is.* 10, *6.* [6] *4 R.* 18, *35*; *Is.* 36, *20.* [7] *idem.* [8] *Is.* 14, *25*; *[...] STUVWXY*s*. [9] *4 R.* 19, *21-23, 28*; *Is.* 37, *22-24, 29*; *[...] UV*s*. [10] cfr *4 R.* 19, *37*; *Is.* 37, *38.*

coram his idolis ut in domo adorationis suae esset corpus eius monumentum idolis suis.

5. Rursus elevabatur, extollebatur aries et cornu-feriebat contra occidentem, contra aquilonem et contra meridiem et bestias multas deiecit et non potuerunt resistere ei, donec veniret, adveniret hircus caprarum ab occidente, et percutiebat arietem et confringebat cornua eius et deiciebat arietem valde. Aries, rex Medorum, Persarum et Parthorum est, nempe est Darius rex; et hircus, Alexander Philippi-filius, Macedo. Vidit Daniel arietem *in oriente ante portam Susarum turris in civitate Elamitarum super Ulai (Łolē) flumen; et cornu-feriebat contra mare, contra aquilonem et contra meridiem et omnes bestiae non possunt resistere ei*[1]. Et hircus caprarum egrediebatur e civitate Graecorum, *et elevabatur, extollebatur super arietem et confringebat cornua ambo, altum et parvum*[2]. Et cur dicitur : contrivit cornua duo? Nisi quod deiecit ille duo regna quae ducebat, parvum Medorum * et *altum Persarum. Ut venit Alexander Graecus, occidit Darium regem* Medorum et Persarum. Sic dixit Angelus ad Danielem, ut interpretatus est ei visionem : «*Aries quem vidisti tu*, [*rex*]* *Medorum et Persarum est, et hircus*, [*rex*]** *Graecorum*[3] ». Et e tempore quod confracta sunt ambo cornua, usque ad hodiernum-diem, sexcenti quadraginta et octo anni sunt[4]. * p. 93

6. Itaque arietis cornua confracta sunt; quamvis confracta sunt, ecce elevatur, extollitur *contra quartam bestiam, quae terribilis et fortis est, cuius dentes ferrei erant et ungues aeneae, comedebat, frangebat et reliquias pedibus conculcabat*[1]. O aries contritis cornibus, recede tu a bestia et ne irritaveris [eam], ne comedat et frangat te. Coram hirco aries non potuit resistere; coram terribili bestia quomodo potest resistere? Os enim eius loquitur magnalia; et quodcumque invenit, sedit super illud quasi leo super cibam. Qui irritat leonem, eius pars fit; et qui excitat bestiam, comedit eum; et qui vadit, cadit sub pedibus bestiae, conculcat eum. *At bestia nunc non moritur donec sedeat Antiquus dierum in throno suo*[2] et adstet coram eo Filius hominis et accipiat potestatem; et tunc configitur bestia et perit corpus eius; et fit regnum Filii hominis, regnum aeternum et dominatus eius a generatione usque ad generationem.

5. [1] *Dn.* 8, *2, 4.* [2] cfr *Dn.* 8, *6, 7.* [3] *Dn.* 8, *20*; *[...] UV*s*; **[...] UV*s*.
[4] Scilicet annus 336-337 p. Ch. natum.
6. [1] *Dn.* 7, *19.* [2] cfr *Dn.* 7, *13 et ss.*

* p. 94 **7.** * Desiste tu, o (tu) qui exaltaris, noli gloriari. Si divitiae elevaverunt cor tuum, non tu melior es quam Ezechia; *eo quod gloriatus est eis (rebus) coram Babyloniis, elatum est ιotum et ivit Babylonem*[1]. Et si filiis gloriaris tu, in captivitatem adducuntur illi a te ad bestiam, quemadmodum in captivitatem adducti sunt filii Ezechiae regis et facti sunt eunuchi in aedibus regis Babyloniorum. Et si in sapientia tua gloriaris tu, non es tu maior aliqua-re quam princeps Tyri, cui exprobrat (*litt.* quia ... ei) ecce Ezechiel et ait: «*Numquid sapiens aliqua-re es tu quam Daniel, aut abscondita vidisti sapientia tua*[2]». Vel si in multis annis tuis, qui (*litt.* quia) multiplicati sunt, superbivit cor tuum, nihil plures sunt quam (anni) principis Tyri qui tenuit (*litt.* quia ... ille) regnum per-dies viginti et duorum regum Iudae, quorum sunt (*litt.* quia ... eorum) anni quadringenti et quadraginta anni. Et ut multiplicati sunt anni regis Tyri per-haec omnia tempora, sic ait in corde suo quod: «*Deus sum ego et habitationem Dei habitavi ego in corde maris*[3]». Ait ad eum Ezechiel: «*Homo es tu et non es Deus*[4]». Dum sine macula circumibat princeps Tyri in medio igneorum lapidum, misericordia erat super eum; [et ubi] **elevatum est, superbivit cor eius, evertit, perdidit eum Cherub umbrosus*[5].

* p. 95 **8.** Et quid sunt vere lapides ignei? Nisi filii * Sion et Ierusalem. In temporibus primis, in diebus Davidis et Salomonis, filii eius, amicus erat Hiram, domus Israel; ut in captivitatem adducti sunt illi e terra sua, laetatus est et percussit-terram pedibus conculcatione *et non recordatus est amicitiae domus David*[1]. Et quod dixi quod lapides ignei vocati sunt filii Iudae, [non a mente quicquam dixi][2], sed Ieremias propheta ait lamentans eos in lamentationibus suis quod: «*Pueri Sion meliores erant quam lapides-pretiosi honorabiles*[3]». Et rursus ait: «*Quomodo cadentes ponuntur lapides sanctitatis in capite omnium platearum*[4]». Et rursus ait propheta: «*Lapides sanctitatis erant qui deiecti stabant in terra eius*[5]». Et e lapidibus illis ignis accendebatur, sicut Ieremias propheta ait: «*Fuerunt verba Domini in corde eius sicut ignis, qui (litt. quia) inflammatur, accenditur circa ossa mea*[6]». Et rursus ait ad Ieremiam: «*Ecce dabo verba mea in ore tuo sicut ignem; et populus hic fiet sicut lignum*[7]». Et rursus ait: «*Verba mea sicut ignis egrediuntur et sicut ferrum quod (litt. quia) excidit lapidem*[8]». Propter hoc in

7. [1] cfr *4 R.* 20, *13* et *ss.* [2] *Ez.* 28, *3.* [3] *Ez.* 28, *2.* [4] *Ez.* 28, *2.* [5] cfr *Ez.* 28, *14-15*; * [...] UV*s*.

8. [1] cfr *Am.* 1, *9.* [2] [...] UV*s*. [3] *Lm.* 4, *2.* [4] *Lm.* 4, *1.* [5] *Za.* 9, *16.* [6] *Jr.* 20, *9.* [7] *Jr.* 5, *14.* [8] *Jr.* 23, *29*.

medio prophetarum circumibat Hiram, princeps Tyri, (prophetarum) qui vocati erant lapides ignei.

9. Et rursus ait ad eum : « *Fuisti tu cum Cherube uncto et umbroso*[1] ». Cherub rex vocatus est, qui unctus erat in oleo sanctitatis [et ille erat princeps super totum populum][2], sicut et Ieremias ait : « *Spiritus oris nostri, unctus Domini, ille (de) quo diximus quod sub umbra eius vivemus in medio * gentium*[3] ». Sub umbra regis habitantes erant, dum in (* p. 96) capite eorum stabat. Et ut cecidit corona capitis eorum, facti sunt illi sine umbra. Sin autem aliquis dixerit quod de Christo dictum est verbum hoc, accipiat ille quodcumque (*litt.* hoc aliquid quod) ego scribo ei sine contentione et sic persuasum-habeat quod de rege est dictum. Ait Ieremias pro populo : « *Vae est nobis, quod cecidit corona capitis nostri*[4] ». Et Christus non cecidit; nam resurrexit ille in die tertio. At rex cecidit e domu Iudae neque amplius erectum est imperium regni eorum. Et quod dixit rursus quod : «*Evertit, perdidit eum Cherub umbrosus*[5]», Cherub qui evertit, perdidit eum, Nabuchodonosor rex est, sicut et scriptum est : «*Labor (est) quem laboravit super Tyrum et non datae sunt mercedes exercitibus eius a Tyro et pro labore Tyri data est ei terra Aegypti*[6] ». Et quare non datae sunt mercedes Nabuchodonosor regi a Tyro? (Nisi) quia mare abscondidit divitias eius et non accepit eas Nabuchodonosor rex. In eodem tempore evertit, perdidit eum Cherub umbrosus, nempe est Nabuchodonosor rex. Duo Cherubim sunt : alter unctus et umbrosus et alter umbrosus et non unctus. Supra ait : «[*Fuisti*]* *cum Cherube, cum uncto, cum umbroso*[7] ». Et infra ait : « *Evertit, perdidit te Cherub umbrosus*[8]; * et non ait : unctus, Nabu- (* p. 97) chodonosor enim non erat unctus, sed David et Salomon et alii reges qui post eos (fuerunt). Et cur vocatus est Nabuchodonosor rex umbrosus? Nisi in visione arboris. *Ut vidit arborem in medio terrae, sub eam habitabant omnes [bestiae terrae]* et in ramis eius habitabant omnes volucres caelorum et ab ea nutriebatur omnis caro*[9]. Ut interpretatus est ei Daniel somnium eius, ait ad eum : « *Tu es arbor quam vidisti in medio terrae; et sub te habitant omnes gentes*[10] ». Propterea ille ipse est Cherub umbrosus qui evertit, perdidit principem Tyri, et quod laetatus est ille propter captivitatem filiorum Israel a terra sua, et quod exaltatum est, superbivit cor eius. Destructa est et ipsa Tyrus septuaginta annos sicut Ierusalem, quae (*litt.* quia) facta est deserta septuaginta annos.

9. [1] *Ez.* 28, *14.* [2] [...] UV*s.* [3] *Lm.* 4, *20.* [4] *Lm.* 4, *16.* [5] *Ez.* 28, *16.* [6] *Ez.* 29, *18, 19.* [7] *Ez.* 28, *14*, *[...] UV*s.* [8] *Ez.* 28, *16.* [9] cfr *Dn.* 4, *7-9*, *[...] UV*s.* [10] *Dn.* 4, *17-19.*

Ait de ea Isaias : « *Deiecta erit Tyrus (per) annos septuaginta, sicut tempora regis unius; et fornicabitur cum omnibus regnis quae sunt super faciem terrae*[11] ».

10. O (tu) qui extolleris, exaltaris, superbia cordis tui te ne decipiat et dicas : « Ascendam, adveniam ego in aedificatam terram et contra terribilem bestiam ». Non vulneratur bestia ab ariete (cuius sunt) confracta cornua. Hircus confregit cornua arietis; et nunc factus est hircus bestia robusta; nam ut filii Iaphet tenuerunt regnum, illi occi- * p. 98 derunt Darium, regem Persarum. Nunc bestia quarta * cepit, devoravit tertiam; [tertia][1] (est) e filiis Iaphet et quarta e filiis Sem, scilicet sunt filii Esaü. Nam ut vidit Daniel visionem quattuor bestiarum, vidit primam (visionem) filiorum Cham, semen Nemrodis, scilicet sunt Babylonii; et secundam (visionem) Medorum et Persarum, qui sunt filii Iaphet; et tertiam (visionem) Graecorum, fratrum Medorum et quartam (visionem) filiorum Sem, scilicet sunt filii Esaü. Facta est hereditas filiorum Iaphet cum filiis Sem; ablatus est principatus a filiis Iaphet, ab iuniore et datus est Sem maiori et usque ad hodiernum diem ille est et usque ad saecula saeculorum. Et ut fit tempus consummationis principatus filiorum Sem, et accipit regnum Princeps qui [exivit][2] e filiis Iudae, ut venit ille in secundo adventu suo.

11. In visione enim Nabuchodonosor regis, quando vidit, notificavit Daniel et ostendit Nabuchodonosor regi, [vidit] statuam quae erecta stabat coram eo; *caput statuae (erat) ex auro puro, pedes et pectus et bracchia statuae argentea et crura aenea et tibiae ferreae et pedes statuae, aliqui e ferro et aliqui e testa*[1] ». Ait Daniel ad Nabuchodonosor * p. 99 regem : « *Tu * es caput aureum*[2] ». Et quare vel cur vocatus est ille caput aureum? Sed (quod) verbum Ieremiae prophetae perfectum est super eum. Ait Ieremias : « *Calix aureus est Babel in manu Domini qui bibere-facit totam terram a vino eius*[3] ». Et caput omnium regnorum Babel vocata est, sicut et scriptum est : « *Et hoc est caput regni Nemrodis, Babel*[4] ».

12. Et pedes et pectus et bracchia statuae argentea (erant); ostendit de regno quod minus est quam illud, scilicet est Darius, rex Medorum; regnum enim pondere accepit; ponderatum est regnum domus Nemrodis et inventum est deficiens; et deficiens accepit Darius rex. Propterea

[11] *Is.* 23, *15-17*.

10. [1] [...] WY*s*. [2] [...] UV*s*.

11. [1] *Dn.* 2, *31-33*. [2] *Dn.* 2, *38*. [3] *Jr.* 51, *7*. [4] *Gn.* 10, *10*.

dixit quod minus est regnum eius; et quod deficiens erat illud, non dominati sunt [Medes][1] totius terrae. Et venter et femora statuae (erant) aenea; et ait : « *Regnum tertium* [*dominabitur*]* *super totum orbem*[2] »; quod est regnum filiorum Iavan, filiorum-Iaphet. Contra regnum fratrum suorum ingressi sunt filii Iavan; quippe Madai et Iavan filii erant Iaphet. Insipiens erat Madai et deficiens a principatu regni, dum venit Iavan, frater eius qui sapiens et consiliator erat et sciebat ducere regnum; dominatus est Alexander super totum orbem.

13. * Et tibiae et pedes statuae ferrei. Quod est regnum filiorum Sem * p. 100 (qui sunt) filii-Esau, quod potens est [sicut] ferrum. Et ait : « *Sicut ferrum confringit, conterit et frangit, simili-modo franget et conteret et subiciet omne*[1] ». Et explicavit de pedibus et digitis : altera pars (est) e ferro et altera pars e testa. Ait : « *Non adhaerebunt, miscebuntur alii cum aliis, quod ex uno semine erunt; at alii ad alios nihil adiungentur, quemadmodum non miscetur ferrum cum testa*[2] ». Hoc de regno quarto ostendit; (in) regno enim filiorum Esau, non rex e regibus surgebat dux regni; sed ut congregati sunt filii Esau in civitate quadam [firma][3], et fecerunt domum consilii et illinc constituebant divites civitatis virum sapientem, ducem regni ne, cum ponderaret eos dux regni eorum, invenirentur deficientes et auferretur ab eis regnum, quemadmodum ablatum est regnum domus Nemrodis et datum est Medis insipientibus. Et rex qui stabat, semen primi regis evertebat nec quicquam coniungebantur alii ad alios. At semen hominum quod comparatum est cum testa, sic erant res, quando eligebatur rex in regnum, miscebatur in radices ferreas.

14. Et ostendit quod *in diebus* [*regum*]* *illorum, suscitabit* * *Deus a* * p. 101 *caelis regnum quod ab aeterno non corrumpitur et non transit*[1]; quod est regnum regis Christi. Et supra ait : « *Videbam ego quod lapis abscindebatur sine manu hominis et percutiebat statuam super ferreos* [*et fictiles*]* *pedes et illico evertebat*[2] ». Et non dixit quod super caput percutiebat statuam nec super manus, pectus et bracchia neque super renes et crura, sed super pedes, quod e statua tota pedes solum venit, invenit lapis. Et in verbo quod post id est, ait : « *Una simul conterebantur, frangebantur ferrum et aes et argentum et aurum post ea*[3] ». Ut regnat rex Christus, tunc deicit regnum quartum et deinde postea frangebat totam statuam. Statua totus mundus vocatus est et caput Nabucho-

12. [1] [...] UV*s*. [2] *Dn*. 2, *39*, *[...] NSTWXY*s*.
13. [1] *Dn*. 2, *40*. [2] *Dn*. 2, *43*. [3] [...] UV*s*.
14. [1] *Dn*. 2, *44*; *[...] UV*s*. [2] *Dn*. 2, *34*, *[...] UV*s*. [3] *Dn*. 2, *35*.

donosor rex, manus et pectus et bracchia, rex Medorum et Persarum; et venter et femora, rex graecorum et tibiae et pedes, regnum filiorum Esau; *lapsis autem qui percutiebat statuam et frangebat*, [*a quo*]* *implebatur tota terra*[1], regnum Christi regis qui supergredi-facit regnum huius mundi et ipse regnat in saecula saeculorum.

* p. 102 **15.** Audi rursus de visione quattuor bestiarum quas vidit * Daniel, quod ascendebant a mari et terribiles erant, una magis quam altera. Et haec visio figurae eorum (est). *Prima sicut leo (erat)* et *alae eius sicut aquilae; et videbam quod ablatae sunt pennae eius et descendit, stetit super pedes suos, sicut super pedes hominis et cor hominis datum est ei*[1]. Et secunda bestia (erat) similis urso; *et transivit, stetit ille in parte una; et costae tres (erant) in ore eius in medio dentium eius*[2]. Et bestia tertia *sicut pardus; et erant ei quattuor alae et quattuor capita*[3]. Et bestia quarta *terribilis, mira, potentior quam primae et dentes eius ferrei, permagni, comedebat, frangebat et reliquias conculcabat*[4]. Mare magnum quod vidit Daniel, hic mundus est; hae quattuor bestiae, quattuor regna sunt, quae supra conscripta sunt.

16. Bestiam primam dicit similem leoni et alae eius (sunt) sicut aquilae. Bestia prima est regnum Babyloniorum quod [assimilatum][1] est leoni. Sic scripsit Ieremias et ait: «*Ovis aberrans Israel; leones aberrare-fecerunt eam. Primo comedit eam rex Assyriorum et hic secundo*
* p. 103 *potentior fuit quam ille, Nabuchodonosor, * rex Babyloniorum*[2]». Et leonem vocavit eum Ieremias. Et ait: «*Alae aquilae erant* [*ei*]*[3]». Sic scriptum est: «*In tempore ut exivit Nabuchodonosor rex ad desertum cum bestiis, creverunt crines capillorum eius sicut aquilae*[4]». Et ait: «*Vidi quod ablatae sunt pennae eius et descendit, stetit super pedes suos sicut homo et cor* [*hominis*]* *datum est ei*[5]». Prius in visione statuae, significatus est in auro, quod (*litt.* quia ... illud) maius erat quam quodcumque (*litt.* omne aliquid quod) colitur in terra. Et in visione [bestiarum][6], significatus est in leone, qui (*litt.* quia) fortior erat vi quam omnes bestiae. Comparatus est rursus aquilae, qui (*litt.* quia) fortior est quam omnes volucres. Quodcumque de eo scriptum est, perfectum est in eo. Ait de eo Dominus: «*Ego dedi, ait, iugum ferreum super collum omnium gentium et servient regi Babyloniorum (per) septuaginta annos. Bestias deserti et volucres caelorum dedi ei in servitutem*[7]». Ut

[4] cfr *Dn.* 2, *35*, * [...] *litt.* et ab eo.
15. [1] *Dn.* 7, *4.* [2] *Dn.* 7, *5.* [3] *Dn.* 7, *4-6.* [4] *Dn.* 7, *7.*
16. [1] [...] UV*s*. [2] *Jr.* 50, *17.* [3] *Dn.* 7, *4*; * [...] UV*s*. [4] *Dn.* 4, *30.* [5] *Dn.* 7, *4*, *[...] NSTUVWXY*s*. [6] [...] NSTWXY*s*. [7] *Jr. 28, 14*; 25, *11.*

factus est ille rex instar aurei capitis, servierunt ei homines sicut regi; et ut exivit in desertum, servierunt ei sicut leoni; quando creverunt, factae sunt crines eius sicut aquilae, servierunt [ei][8] volucres sicut aquilae. Et ut elevatum est cor eius, et non agnovit quod e caelis est potestas, confractum est iugum ferreum a collo omnium hominum et egressus est ille cum bestiis et pro corde regis datum est ei cor leonis; et ut elevatus est super bestias, ablatum est ab * eo cor leonis * p. 104 et datum est ei cor [volucris][9]; et quando creverunt, factae sunt alae eius sicut aquilae, elevatus est ille super volucres; tunc ablatae sunt pennae eius et datum est ei cor [infirmitatis][10]. Et ut agnovit quod dominatur Excelsus super omne regnum hominum et cui vult, dat illud, tunc coepit benedicere sicut homo.

17. Et bestia [secunda][1] (erat) *similis urso et stetit in parte una*[2]. (Est) regnum Medorum et Persarum et in oriente firmatum stetit. *Et costae tres (erant) in ore eius*[3]. Cornu enim feriebat aries versus Aquilonem et Austrum per tres ventos caelorum; hos tres ventos tenebat et cornu-feriebat, in similitudinem trium costarum quae erant in ore ursi, donec hircus ab occidente percussit arietem et abstulit costas ab ore eius.

18. Et bestiam tertiam dicit similem pardo. Et erant ei quattuor alae volucris in lateribus eius et quattuor capita erant bestiae illi. Bestia tertia, Alexander Macedo est; fortis enim et robustus est sicut pardus. Et quattuor alae et quattuor capita (sunt) bestiae; dedit enim * ille * p. 105 regnum quattuor amicis suis ut haberent post eum. Ut venit, et occidit Darium regem, et regnavit pro eo.

19. Et de bestia quarta ait : « *Terribilis et mira et potentior est, comedebat et frangebat et reliquias conculcabat*[1] ». Hoc regnum filiorum Esau est. Post enim regnum Alexandri Macedonis firmatum est regnum Graecorum, quod et Alexander transibat a Graecis; at visio [tertiae][2] bestiae super eum perfecta est. Ut vidit ille tertiam et quartam, regnavit Alexander annos duodecim et fuerunt reges Graecorum et post Alexandrum septemdecim reges fiunt in eo; et sunt anni eorum ducenti et sexaginta a Seleuco Nicanore usque ad Ptolemaeum; et facti sunt Seleuciani ab Augusto usque ad Philippum, Seleuciani viginti et septem reges et sunt anni eorum ducenti et nonaginta et tres anni et duodeviginti Severiani.

[8] [...] NSTVWXY*s*. [9] [...] STUVWXY*s*. [10] [...] UV*s*.
17. [1] [...] NSTUVWXY*s*. [2] *Dn*. 7, 5. [3] *Dn*. 7, 5.
19. [1] *Dn*. 7, 7. [2] [...] NSTUVWXY*s*.

20. Ait Daniel : « *Considerabam de cornibus decem quae erant in capite bestiae. Cornua decem, decem* [*reges*]*[1] »; steterunt per illud tempus, [usque ad Antiochum][2]. Et ait : « *Cornu parvulum egrediebatur in medio decem cornuum et tria eradicabantur a facie eius*[3] ». *Ut firmatus* * p. 106 *est, stetit Antiochus in regno, subiecit * ad se tria regna*[4] et *elevatus est contra* [*sanctos*]* *Excelsi*[5], contra Ierusalem; et polluit locum sanctitatis et impedivit sacrificia et oblationes per-hebdomadam et dimidium hebdomadae, qui sunt decem anni et dimidium; et duxit, introduxit [meretrices][6] in domum Domini et impedivit observantias legis, occidit, evertit iustos homines et dedit in-escam volucribus caelorum et bestiis terrae corpora eorum. Et perfectum est [in diebus eorum][7] verbum quod dixit David : « *Deus, intraverunt gentes ad haereditatem tuam et polluerunt templum sanctum tuum, fecerunt Ierusalem sicut desertam; posuerunt daemones servorum tuorum in-escam volucribus caelorum et carnes sanctorum tuorum bestiis terrae. Effuderunt sanguinem eorum sicut aquam circa Ierusalem et nemo erat qui sepeliret eos*[8] ». Hoc in illo tempore perfectum est, *in tempore ut* [*occiderunt*]* *virum senem et antiquum dierum Eleazar et septem filios Samunae beatae*[9], quando Iuda et fratres eius decertabant bello [pro populo suo][10], dum habitabant illi in speluncis et in foveis terrae. *In hoc tempore fecit cornu pugnam belli contra sanctos*[11] et praevaluit super eos. *Et verba blasphemiae locutus est de Excelso Antiochus vir iniquus; et mutavit tempora et annos*[12] et impedivit foedus Abrahae et solvit sabbatum quietis, praeceptum dedit Iudaeis ne circumciderentur. Propter hoc dixit quod : « *Existimabit mutare tempora et commutare legem; et datum* * p. 107 *est in manus * eius usque ad tempora temporum et in dimidium temporis*[13], hebdomadam et dimidium, qui sunt decem anni et dimidium anni ». Rursus ait : « *Iudicium erectum est et potestatem eius abstulerunt ab eo ad-corrumpendum, perdendum eum usque ad finem regni*[14] ». *Advenerunt terribilia iudicia Antiocho, iudicia a caelis*[15] et infirmatus est terribili infirmitate et pessima et ex odore eius quo (*litt.* quia) putruit, nemo appropinquabat ad eum, vermis fervebat et exibat ex eo et comedebat carnes eius, *eo quod afflixit ille vermem Iacobi*[16]; et putrefactae sunt carnes eius in vita eius, quia putrefecit cadavera habitatorum Ierusalem et non sepulta sunt. Et factus est ille immundus in oculis animae suae,

20. [1] *Dn.* 7, *8*, *24*; *[...] N*s*. [2] [...] UV*s*. [3] *Dn.* 7, *8*. [4] cfr *Dn.* 7, *24*. [5] cfr *Dn.* 7, *25*; *[...] ab syr. exemplari postulata lectio. [6] [...] UV*s*. [7] [...] UV*s*. [8] *Ps.* 78, *1-3*. [9] cfr *2 M.* 7, *1* et *ss*, *[...] UV*s*. [10] [...] UV*s*. [11] *Dn.* 7, *21*. [12] *Dn.* 7, *35*. [13] *Dn.* 7, *25*. [14] *Dn.* 7, *26*. [15] cfr *2 M.* 9, *18*. [16] cfr *Is.* 41, *14*.

quia polluit ille sanctitatem Dei. Oravit ille et non exauditus est, quia non audivit ille gemitus sanctorum quos occidit. Scripsit litteras et fecit ducere ad Iudaeos et vocavit eos amicos et non misertus est eius Deus et eisdem suppliciis mortuus est.

21. Rursus ait : « *Accipient regnum Sancti Excelsi*[1] ». Quid autem dicemus de hoc? Numquid filii Israel acceperunt regnum Excelsi? Absit! Aut numquid ille populus venturus est per nubes caelorum? Hoc prius [transivit][2] ab eis. Ait Ieremias de eis : « *Argentum abiectum, contemptum* * *vocavi eos, quod Deus contempsit eos et abiecit*[3] ». Et rursus * p. 108
ait : « *Nec amplius adiciam respicere ad eos*[4] ». Et Isaias ait de eis : « *Exite, discedite et in immundos ne appropinquaveritis* »[5]. Sed de [sanctis][6] Excelsi sic ait : « *In saecula saeculorum haereditabunt regnum*[7] ». At illi *quieverunt paulum a necessitatibus regum et principum*[8], post mortem Antiochi, donec impletae sunt, perfectae sunt sexaginta et duae hebdomades. Venit Filius hominis liberatum eos; et *illi non acceperunt eum*[9]. Venit ille acceptum ab eis fructum et non dederunt ei, *quod fuit vinea eorum a vinea Sodomorum, a planta Gomorrhaeorum*[10], *vinea spinifera, spinosa fuit*[11]; *vinum eorum acetum factum est, et fructus eorum fel*[12]. Non poterat quicquam spina mollescere neque fel redit in naturam vini neque fel redit in naturam dulcedinis.

22. Praevenit Isaias, sedere-fecit pro eis iudices, viros Iudaeos, in quibus (*litt.* quia ... in eis) plantavit vineam, novam -plantam, dilectam; hi ipsi iudices sunt qui sedebunt *in duodecim thronis et iudicant duodecim tribus suas*[1]. Et sic ait ad iudices : « *Iudicium facite inter me et inter vineam meam. Quid etiam, ait, decebat facere vere vineae meae*, o viri iudices, *et non feci ei?* » *Ecce enim plantavi eam, novam-plantam dilectam* et facti sunt illi mihi sicut vinea * aliena. *Septo clausi, munitione* * p. 109
murum-aedificavi, vigilibus caelorum; turrim erexi, templum sanctitatis; *lacum torcularium aedificavi*, baptismum sacerdotum; et irroravi super illam, pluviam, (quae sunt) verba prophetarum; mollivi, putavi eam ab operibus Amorrhaeorum; *steti, mansi ut veniret, ferret mihi uvam iustitiae; venit, tulit spinam et tribulum*, (quae sunt) peccata et iniquitates; *steti, mansi ut inveniretur iustitia et* [*fecit*]* *iniquitatem; exspectavi iustitiam et factus est tumultus. Audite* ergo, viri iudices, *quodcumque faciam ego cum vinea mea? Destruam munitionem septi et conculcabo eam*

21. [1] *Dn.* 7, *27.* [2] [...] UV*s.* [3] *Jr.* 6, *30.* [4] *Lm.* 4, *16.* [5] *Is.* 52, *11.* [6] [...] NSTUVWXY*s.* [7] *Dn.* 7, *27.* [8] *Os.* 8, *10.* [9] *Jn.* 1, *11.* [10] *Dt.* 32, *32.* [11] cfr *Is.* 5, *2.* [12] *Dt.* 32, *32.*
22. [1] *Mt.* 19, *28.*

ab-exercitibus; evertam turrim eius et erit direptio; deiciam vineam meam ne putetur neu mundetur neu molliatur. Germinabit et nectetur in ea spina sicut in terra-inculta, mandatum dabo nubibus ne pluant super eam[2] ». Recedebant [vigiles][3] caelorum, munitio vineae; eradicata est turris, locus refugii eorum; [destructus est lacus torcularius][4] puritatis peccatorum eorum. *Dum sine macula erat vitis, nihil erat utilis ad materiam operis. Nunc quod ignis esca facta est et destructa est, quomodo fit utilis ad materiam operis?*[5] » *Ramos ambos ignis comedit et media (pars)* * p. 110 [*eius*]* *destructa est*[6]. Duo rami, duo regna * (sunt) et medium eius [destructum est][7], Ierusalem. *Missi sunt ad eos a Domino vineae servi multi; et occiderunt eos et fructum domino vineae non dederunt ducere*[8]. Post servos missus est Filius dilectus ut acciperet ab eis fructum et duceret missori suo; illi tenuerunt eum et traxerunt extra vineam; et exciderunt ramum e spina vineae et affixerunt in manus eius et esurivit et petiit ab eis comedere et dederunt ei fel a fructu vineae; et sitivit et petiit ab eis bibere et dederunt ei acetum et non voluit bibere. Et fecerunt coronam e spinis vineae et posuerunt in capite Filii Domini vineae. A tempore illo quod vinea sic fructum ostendit, eradicavit, proiecit eam Dominus eius ad ignem et plantavit in eadem vinea vites fertiles quae dant fructum et laetificant agricolam. *Vinea Christus (est) et Pater eius agricola*[9]; et vitis, (est eis) qui bibunt e calice eius. Itaque alia vinea facta est pro vinea et regnum in adventu suo filiis Esau dedit; et filii Esau custodiunt regnum ei qui dedit eis.

23. *Et regnum aeternum haereditat populus sanctus*[1] qui electus est loco primi populi. *Ad-aemulationem-provocavit eos in eo qui non populus (erat) et super gentem insipientem exacerbavit eos*[2] et liberavit suum populum sanctum proprium. Ecce totum foedus Dei *liberatum est* * p. 111 *a necessitatibus regum et principum*[3]. Etiamsi idolatra * e gentibus aliquis servit, eadem-hora dum appropinquat ad foedus Dei, liber fit. Et illi ecce stant in servitutem oboedientiae in medio gentium. De sanctis autem sic ait : « *At haereditabunt regnum quod sub caelis (est)*[4] ». Si de eis dixit, cur serviunt in medio gentium? Sin autem dicant : « Nondum factum est, sed fit », ecce regnum quod accipit Filius hominis, caelis et terrae est? Ecce scripti sunt filii regni et acceperunt pignus suum ex hoc mundo. Et usque ad nunc nolit oboedire virtuti regis qui venit et accipit potestatem suam, sed custodit pignus eius cum-honore ne,

[2] *Is.* 5, *3-6*; *[...] UV*s*. [3] [...] UV*s*. [4] [...] NSTWXY*s*. [5] *Ez.* 15, *5*.
[6] *Ez.* 15, *4*, *[...] UV*s*. [7] [...] UV*s*. [8] cfr *Lc.* 20, *10 et ss.* [9] *Jn.* 15, *1*, *5*.
23. [1] cfr *Dn.* 7, *27*. [2] *Dt.* 32, *21*. [3] *Os.* 8, *10*. [4] *Dn.* 7, *27*.

quando venerit qui praepedit regna, cum-ira veniat super eos; ut venit *ille cuius suum est regnum*[5], in secundo adventu suo, accipit quod dedit et fit ipse rex in saecula saeculorum et non transit regnum eius, quod stat et manet in saecula saeculorum.

24. Prius antea dedit coronam et regnum filiis Iacob et subiecit eis filios Esau, sicut et dixit Isaac (*Sahak*) ad Esau quod : « *Fratri tuo servies*[1] ». Et ut non fuerunt prosperi in regno, abstulit illud filiis Iacob et dedit filiis Esau, donec veniret *(is) cuius suum est regnum*[2] et darent depositum * ei qui dedit eis et non amplius impedirent illud et (* p. 112) oboediret ei custos regni illi cui omnia oboediunt. Propter hoc regnum hoc filiorum Esau non traditur in manus congregatorum exercituum qui volunt ascendere contra illud, quod regnum datori suo custoditur. Et de hoc quod scripsi tibi, carissime, quod regnum filiorum Esau datori suo custoditur, noli dubitare de eo; et enim non vincitur illud regnum, quia vir potens cui Iesus nomen est, venit in exercitum et arma eius habent omnes exercitus regis. Perscrutare et vide quod et *in descriptione-universi-orbis cum eis est scriptus*[3]; et sicut scriptus est in descriptione-universi-orbis, (sic) eis fit auxiliator; et signa eius valde multa sunt in regione; et arma eius induerunt et non inculpantur in bello. Sin dicas ad me : «Cur autem in annis regum qui erant ante eos, vicerunt bestiam et subiecerunt eam?». (Quod) duces et reges qui erant in illo tempore in regno filiorum Esau, noluerunt accipere secum ad bellum virum qui scriptus erat cum eis in descriptione-universi-orbis; propter hoc subiecta bestia paulum, sed non vulnerata est.

25. * At hoc quod (*litt.* quia) scripsi tibi, carissime, quodcumque (* p. 113) scriptum est in Daniele, non ad mensuram consummationis attuli ea, sed hic plus sunt quam mensura consummationis. Sin quis decertaverit de illis (rebus), sic dicito tu ad eum quod : « Non sunt obsignata verba haec, quod verba Dei non perficiuntur neque obsignantur ». At hominum mens ait quod : « Hucusque sunt adveniunt verba ». Et non est possibile addere in his aut diminuere ab his; divitiae Dei sine numero et sine mensura sunt. Si capias aquam a mari, nihil apparet defectus eius; et si capias calculum ex arena eius, nihil deficit numerus et ratio eius; et si numerare volueris tu stellas caelorum, non poteris tu habere numerum rationis [earum][1]; et si accendas tu ignem ex igne, nihil deficit ex eo.

[5] *Gn.* 49, *10*.

24. [1] *Gn.* 27, *40*. [2] *Gn.* 49, *10*. [3] cfr *Lc.* 2, *1*, *2*.

25. [1] [...] UV*s*.

Si accipias [de spiritu][2] Christi, Christus nihil diminuitur; si Christus habitaverit in te, non in te perficitur ille et, si intrabit radius per fenestras domus tuae, non totus sol tibi adveniet. Et haec omnia quae numeravi tibi, verbo eius firmata sunt; propter hoc scito quod verbum Dei nemo * p. 114 unquam comprehendit vel [intellexit][3]* mensuram eius. Propter hoc ne fiat tibi contentio de hoc et dicas quod : « (Res) ita sunt et satis ». At hoc a me audi et consecraneos fratres nostros doce ea; is autem qui deridet verba [fratris sui][4], etiamsi dixerit quod : « Mea (verba) sapientiora sunt », tu tamen noli audire verba eius. Et quod scripsi tibi de copiis his quae moventur ad bellum, non quasi aliquid manifestatum est mihi, notificavi tibi hoc; sed audi tu verbum quod est in initio epistulae, quod : «*Omnis qui elevatus est*, *humiliatus est*[5] ». Etiamsi ascendant exercitus, vincant, hoc scito quod admonitio Dei est et, si vincant, in iusto iudicio condemnantur. At hoc scito quod bestia in tempore suo vulneratur. At tu, frater, in hoc tempore festina ad-petendam misericordiam ut fiat aedificatio et pax super populum Dei. Perfectum est (exemplum) de bello.

[2] [...] UV*s*. [3] [...] UV*s*. [4] [...] UV*s*. [5] *Lc.* 14, *11*.

TABLE DES MATIÈRES